重庆市人文社科重点研究基地"重庆市儿童教育发展研究中心"资助成果；
重庆第二师范学院重庆市青少年国际理解教育研究所（2022xjyjs08）研究成果

儿童国际理解教育调查研究

罗腊梅　杨　洲　王永玲
胡秋梦　雷兰川　　　　　著

重庆大学出版社

图书在版编目(CIP)数据

儿童国际理解教育调查研究 / 罗腊梅等著. --重庆：
重庆大学出版社, 2025.3. --ISBN 978-7-5689-4825
-8

Ⅰ. G61

中国国家版本馆 CIP 数据核字第 2024TH8015 号

儿童国际理解教育调查研究
ERTONG GUOJI LIJIE JIAOYU DIAOCHA YANJIU

罗腊梅　杨　洲　王永玲　胡秋梦　雷兰川　著
策划编辑:唐启秀
责任编辑:夏　宇　　版式设计:唐启秀
责任校对:王　倩　　责任印制:张　策
*
重庆大学出版社出版发行
出版人:陈晓阳
社址:重庆市沙坪坝区大学城西路 21 号
邮编:401331
电话:(023) 88617190　88617185(中小学)
传真:(023) 88617186　88617166
网址:http://www.cqup.com.cn
邮箱:fxk@ cqup.com.cn (营销中心)
全国新华书店经销
重庆新生代彩印技术有限公司印刷
*
开本:720mm×1020mm　1/16　印张:11.25　字数:213千
2025 年 3 月第 1 版　　2025 年 3 月第 1 次印刷
ISBN 978-7-5689-4825-8　定价:68.00 元

目 录

第一章 总 序

一、调研背景

（一）调查研究所涉及的宏观背景

1.新时代是准确把握儿童国际理解教育的重大背景特征

儿童国际理解教育的研究必须准确把握社会主要矛盾的转变。党的十九大报告指出,我国社会主要矛盾已经转化为人民日益增长的美好生活需要和不平衡不充分的发展之间的矛盾。马克思主义唯物史观认为,矛盾是推动社会发展的根本动力,社会主要矛盾则在一定历史阶段内起主导作用,只有准确抓住社会主要矛盾,才能正确认识我国基本国情,才能认清社会主义事业当前阶段的主要任务,才能制定正确的路线、方针、政策。在教育领域,同样需要抓住主要矛盾,才能确定教育事业的发展方向,解决好面临的问题。根据《中国教育现代化2035》的研判,新时代教育发展面临的主要矛盾已经转化为国家经济社会发展和人民日益增长的教育新要求新期盼,与教育发展仍不平衡不充分之间的矛盾。这一研判提出,2035年教育现代化的基本理念是坚持以人民为中心。聚焦于儿童国际理解教育研究,我们应着重从宏观上把握三个向度:首先是未来时空向度。未来的教育注重面向人类社会的整体发展,儿童国际理解教育将更加注重终身学习的理念,更加注重因材施教的教学方法,更加注重共建共享的核心观念,使儿童国际理解教育的实践能够伴随儿童成长始终,为每个人在人生不同阶段提供丰富多样的学习机会、开放优质的学习资源、灵活便捷的学习方式、绿色友好的学习氛围。其次是个性需求向度。未来的儿童国际理解教育将注重儿童个性化、多样化的学习和发展需要,努力使性格禀赋、兴趣特长、素质潜力不同的每一个儿童,都能接受符合自己成长需要的教育,进而获得发展自身、奉献社会、造福世界的能力。最后是公共发展向度。未来的儿童国际理解教育是事关国家公民和全球社会的教育公共事业,儿童国际理解教育将坚持政府主导、社会多元参与,人人尽责、人人享有,构建全社会共同参与建设、共同参与治理和共同分享成果的教育发展新格局。

党的二十大报告指出,必须坚持胸怀天下。必须坚持胸怀天下,展现了习近平新时代中国特色社会主义思想世界观和方法论的重大创新成果,是马克思主义中国化时代化的重要内容。党的二十大报告也指出,中国共产党人深刻认识到,只有把马克思主义基本原理同中国具体实际相结合、同中华优秀传统文化相结合,坚持运用辩证唯物主义和历史唯物主义,才能正确回答时代和实践提出的重大问题,才能始终保持马克思主义的蓬勃生机和旺盛活力。党的十九大以来,中国特色社会主义进入了新时代。新时代意味着我国将在政治、经济、文化、社会、生态文明等方面均立足新发展阶段、贯彻新发展理念、构建新发展格局。新时代的世情、国情、党情必然要求我们准确抓住社会主要矛盾转变带来的深刻变化,对新时代的儿童国际理解教育作出新的战略判断。党的二十大报告强调,坚持高水平对外开放,加快构建以国内大循环为主体、国内国际双循环相互促进的新发展格局,推进高水平对外开放,稳步扩大规则、规制、管理、标准等制度型开放,加快建设贸易强国,推动共建"一带一路"高质量发展,维护多元稳定的国际经济格局和经贸关系。教育作为观念上层建筑,社会主要矛盾的转变会通过生产力与生产关系、经济基础与上层建筑的作用突出反映在新时代的教育领域中。新发展格局下的国际化,强调的是高质量和高水平,也为儿童国际理解教育发展注入了新动能。在新时代背景下,儿童国际理解教育研究必须抓住国家对外战略的宏观判断,密切联系国家内部发展格局框架,在立足民族差异、地域特色、文化比较的基础上,促进儿童国际理解教育的发展与实践。

新时代儿童国际理解教育实践的内涵延伸、时代特征、主旨内容仍然需要遵循马克思主义唯物史观的基本原理。众所周知,马克思主义把社会发展的实现同人的解放和全面发展结合起来,阐明了人的发展是实现社会发展的标志,人的自由而全面的发展是构筑未来社会的原则和基石。教育通过促进每个个体的全面发展从而为所有人的发展和社会全面进步开辟道路。在新时代,实现人的全面发展需要推进素质教育,多方面、全方位提高人的品德、知识、能力与素质,开发人的潜能,提升创新能力。新时代儿童的全面发展也要具备国际视野和国际理解能力。在第七届全国人民代表大会常务委员会第 23 次会议上，我国决定加入《儿童权利公约》，其中，公约将"儿童"界定为"18 岁以下的任何人"。根据这一界定，目前我国儿童约有 2.98 亿人。众所周知，儿童处于认知能力发展的关键期，要充分利用儿童国际理解教育培养其情感认知，使其具备未来向度成长的能力。基于新时代社会发展和教育发展的主要矛盾，从社会发展转变、人的发展需要、教育事业发展要求、国际理解教育发展要旨、儿童成长自身需求等维度研究新时代儿童国际理解教育在形成机制、社会基础等方面的结构、形态、类型，并在此基础上确立符合新时代世情、国情、党情的儿童国际理解教育内涵，对新时代儿童国际理解教育的现状、态势、趋势进行考察研判，最终为形成建立合理的践行路线提供客观依据。

2.儿童国际理解教育的发展是理论与实践互动的结果

《中国国际学校蓝皮书——国际理解教育发展现状研究（2019）》指出，国际理解教育在近几十年的发展过程中与和平教育、可持续发展目标以及全球公民教育存在着不可分割的联系："和平教育兴起于 20 世纪后期，这一理念认为，个人以及国家之间是相互依赖的，应为了共同生存而团结在一起。和平作为为了实现社会发展和正义的动态社会——政治过程，是教育的最终目的之一，而国际理解则是为和平打下基础的重要途径之一。"国际理解教育与联合国推动的可持续发展目标也紧密结合在一起："在可持续发展目标的框架之下，所有国家和人民都正处于一个实现长期命运共同体的中间阶段。因此，培育有担当的全球公民成为实现可持续性发展的必要途径。可持续发展目标主张，全球公民教育旨在帮助人们获得能够解决全球挑战的认知和技能，以及构建一个更加和平、宽容、包容及安全的世界。"新时代享有共同命运的意识是一切国际合作项目的基础，也是人类共同进步的基础。新时代国际理解教育对儿童国际意识的培养，不仅应当致力于理论的传播使主体意识到其民族根基，确定自己在世界体系中的位置和民族立场，还应当致力于在社会实践中将理论知识转变为现实动力，使未来的世界公民学会尊重其他文化和全人类的共同利益，从而扩大人类共同的财富。

随着社会生产力的不断发展，必然会在一定时空内要求生产关系的自我调整，儿童国际理解教育作为一种观念上层建筑，其发展也会有新动向：首先是在理论观念层面，国际交流与合作的发展不断推进着儿童国际理解教育理念的演进;进一步引起各国加大制定对儿童国际理解教育的政策支持与制度实施;大力推行儿童国际理解教育的行动计划,激发了各国开展儿童国际理解教育实践活动的热情。其次是在现实存在方面,儿童国际理解教育迎来了积极的、广阔的国际社会背景,全球政治民主化、经济贸易国际化、文化交流与合作加强、信息技术的支持,尤其是互联网的扩大以及各国人民的不懈努力等因素,对开展儿童国际理解教育产生了越来越有利的影响。再次,在现实挑战层面,阶级社会与民族国家差异的存在,政党冲突与宗教派别的争端,全球性重大灾害、经济发展水平差距加大导致世界不可控因素的潜伏等现象将长期持续,影响着儿童国际理解教育的实施。最后,在现实指导价值观层面,儿童国际理解教育既反对狭隘的民族主义,又反对大国霸权主义。它是在民族自尊基础上的国际主义和国际理解基础上的民族主义两种思想的统一体现。

儿童国际理解教育与马克思主义唯物史观具有内在同享的价值观念。马克思关于未来社会的设想也是促进实施儿童国际理解教育自觉能动性、创造性和自主性的重要理论来源。马克思明确指出社会生活的发展水平与教育存在密切关系:"运用现代化生产工具从事生产劳动的劳动力,更需要通过教育,使它获得一定劳动部门的技能技巧,成为发达的和专门的劳动力。"①教育通过传播科学技术知识以提高人的劳动能力和劳动生产率,进而改善人的生产生活,科学技术对人的社会的改造和影响不是直接的,而是通过教育来实现的,即科学技术由潜在的生产力转化为直接现实的生产力,是通过向劳动者、劳动工具、劳动对象三大实体性的渗透来实现的。儿童国际理解教育提出的"本来"就是要实现对儿童(现实的个人)自我素质的提升、儿童发展条件(自然环境)的科学化合理化,构建形成相互依存的全球关系和共同体意识,共享社会发展的成果,实现教育与生产劳动相结合。

3.儿童国际理解教育是义务教育改革与核心素养提升的需要

随着中国对外开放进程的不断深化,国际理解教育理念逐渐渗透到义务教育阶段,不断地启发着社会各界思考为谁培养人、培养什么样的人以及怎样培养人的问题。这些思考在不同时代的教育政策中都有所体现。通过梳理文件发现,我国国际理解教育政策的产生可追溯到20世纪80年代并于90年代萌

---

① 中共中央马克思恩格斯列宁斯大林著作编译局.马克思恩格斯全集:第二十三卷[M].北京:人民出版社,1972:195.

芽。在国家层面相继发布《关于教育体制改革的决定》《中国教育改革和发展纲要》等文件,2010 年,《国家中长期教育改革和发展规划纲要(2010—2020 年)》正式提出国际理解教育。2016 年,由北京师范大学牵头的课题组发布了《中国学生发展核心素养》总体框架,标志着我国国际理解教育政策走向内涵式发展阶段。在地方城市也颁布了相关的政策文件。2009 年,浦东新区出版了"世纪名片·国际理解教育系列读本";2012 年山东省淄博市下发《关于实施中小学国际理解教育的指导意见》;同年 10 月,江苏省常州市下发《关于加强中小学国际理解教育的意见》;2014 年 9 月,广东省东莞市宣布全面实施中学阶段的国际理解教育;四川省成都市也颁布了《关于加强中小学国际理解教育的指导意见》,宣布自 2016 年开始在中小学普及国际理解教育,具体情况见表 1-1。通过文件梳理发现,我国对儿童国际理解教育研究的起步时间相对较晚,国家层面的指导文件更新较慢,且缺少单独针对儿童的国际理解教育政策支持。鉴于儿童处于认知发展关键期的特点,开展相应改革和针对性培养,能够使其在成长过程中乐于接触国际化的事物并能以整体的眼光看待事情。同时,开放、包容的思维培养能使他们在很大程度上避免"刻板印象"的固化认知。知识和信息化时代的到来要求我们不仅能从当前地域空间获取信息与帮助,还要善于与异质群体交流才是新时代的要求。儿童国际理解能力中的"交流与合作"正是这一阶段儿童所需要培养的能力,乐于在异质群体中进行交流与合作才能培养出适应未来社会的人。

表 1-1　地方实施国际理解教育政策与项目举例

序号	省市	时间	政策/项目	相关表述
1	北京	2015	北京市人民政府《关于推进义务教育优质均衡发展的意见》	加强国际理解教育,进一步支持中小学开展对外合作交流,培养学生的国际视野和跨文化沟通能力
		2015	北京朝阳芳草地国际学校丽泽分校国际理解教育项目	学生在国际理解教育的参与中逐步达成尊重差异、理解多元、接纳汲取、合作共享的品质的基本目标
		2017	"未来外交官"——青少年国际理解教育项目	培养普遍文化价值青年,打造全球共治能力人才,选拔国际复合型精英领袖;加强提升中国文化自信,理解尊重世界多元文化,推动构建人类命运共同体

续表

序号	省市	时间	政策/项目	相关表述
1	北京	2020	北京市海淀区推出中小学国际理解教育实施新举措	推出"六个一"实施举措：一份海淀国际理解教育实施文件；一套行政主导教科研引领学校主动实践整体实施机制；成立一个国际理解教育研究共同体，首批成员学校 85 所；聘请一批 10 名国际理解教育著名学者作为专家委员会，指导研究工作；确立一体化国际理解教育发展总目标及小初高具体目标；逐步建立一系列服务学校实施国际理解教育的资源
		2022	北京市海淀区国际理解教育能力提升项目	项目由中国教育国际交流协会 AFS 项目全国办与海淀区教育科学研究院合作，旨在提升北京市海淀区 21 所中小学教师队伍的国际理解教育能力
2	山东	2012	淄博市教育局《关于开展中小学国际理解教育的指导意见》	科学把握中小学国际理解教育的育人目标，根据中小学生的认知和智力发展水平，合理确立不同学段国际理解教育的三维目标体系
		2016	《青岛市教育局关于加强中小学国际理解教育的指导意见》	基于青岛本土特色和学校特色发展的现状，结合学生年龄水平和认知特点，合理设定各学段开展国际理解教育的课程目标，整合资源，开发国际理解教育校本课程
3	福建	2016	《厦门市教育局关于推进普通高中教育国际化的实施意见》	加强学校国际理解教育内涵建设与研究，加快推进国际理解教育课程建设，以学科渗透、主题活动、校本课程等形式开展国际理解教育，培养学生国际意识、跨文化理解与沟通的能力
		2021	厦门市教育局《关于进一步推动普通高中教育国际化高质量发展的通知》	加强国际理解教育研究，加快国际理解教育课程建设，以学科融合、主题活动、校本课程等形式开展国际理解教育，培养学生国际意识、跨文化理解与沟通的能力；加强国际理解教育理念宣传，以弘扬社会主义核心价值观为核心，深化教师、学生、家长对国际理解教育的认识；创设国际理解教育环境，探索开发多元教育教学方式，坚持自主开发和合作引进相结合，优化国际理解教育资源供给

续表

序号	省市	时间	政策/项目	相关表述
4	广东	2013	《东莞市开展中小学国际理解教育指导意见》	小学阶段学校以学科渗透及活动为主要实施方式,市教育局成立"国际理解教育地方课程"教材编写小组,编写"国际理解教育地方课程"高中读本、初中读本供学校使用;小学将按实际需要提供教学资源或开发读本
		2021	荔湾建湾区首家"一园双校"国际教育项目	广州荔湾爱莎国际学校将践行多元文化融合理念,从校园环境、人文氛围、多维的课程体系、多元的师资背景等方面,营造跨文化融合的软硬件条件,致力于学生国际理解能力和跨文化沟通能力的培养
5	湖北	2021	《武汉市教育事业发展"十四五"规划》	在全市中小学广泛推行国际理解教育,创建并认定市级国际理解教育示范(特色)学校,深度参与中外高级别人文机制建设和项目实施
6	江苏	2012	泰州市教育局《关于进一步加快推进全市国际理解教育的通知》	立足课堂教学,充分挖掘现有学科课程和教材中能够作为国际理解教育的内容,加强国际理解教育的跨学科整合,注重不同学科教学中国际理解教育渗透方法的探索与实践
		2012	常州市教育局《关于加强中小学国际理解教育的意见》	重视国际理解教育校本课程的开发与设计,拓宽教育内容,开设专门的国际理解教育课程;根据学生年龄特征和认知水平,合理确定不同学段国际理解教育的课程目标,突出课程资源建设的开放性、多元性和生成性,服务于学生的体验学习和探究学习
		2017	苏州市教育局《关于深入推进中小学国际理解教育的实施意见》	健全行政引领、课题推进、校本探索的国际理解教育工作机制,营造良好的国际理解教育环境,丰富国际理解教育的实施途径,保障国际理解教育的持续有效推进,推动基础教育课程改革,促进学校的内涵发展和品质提升,为培养兼具本土情怀和国际素养的人才奠定重要基础

续表

序号	省市	时间	政策/项目	相关表述
6	江苏	2017	泰州市积极推进国际理解教育品牌建设	各地各校将加强对国际理解教育工作的组织领导和有效指导,建立国际理解教育宣传工作机制,营造开展国际理解教育的氛围,逐渐形成并不断充实本地本校国际理解教育资源库,采取专家引领、外出交流、境外研修等多种形式加强对国际理解教育的师资培训,以课题研究引领带动,为实施国际理解教育提供人才保证
		2017	无锡市力推国际理解教育特色品牌项目建设	将普遍开展国际理解教育,并建设100个国际理解教育特色品牌项目;各立项项目所在学校将加强对国际理解教育工作的组织领导,统一思想,加强认识,营造开展国际理解教育的氛围,加强对国际理解教育的师资培训,以课题研究引领带动,为参与项目的教师提供保障支持,努力创建形成特色鲜明、成效显著的国际理解教育特色品牌项目,推动学校国际交流合作向更高水平迈进
7	上海	2020	WLSA新竹园国际理解教育实验项目	WLSA新竹园国际理解教育实验项目按照上海市教委统一规定的课程计划中的三类课程,即基础型课程、拓展型课程和探究型课程,融入《21世纪技能框架》的"一个核心"和"三大素养",结合WLSA特色课程进行课程设置,并围绕该项目培养目标和理念实施教学和评价,开展教师的选聘和培训工作
		2020	上师大附二外国际部第一届"国际理解月"活动	上师大附二外国际部把"国际理解素养"作为每个学段(小学、初中、高中)的毕业标准之一,学生在提升"国际理解素养"的同时,也实现了"世界对话者"的培养目标
		2021	《上海市教育发展"十四五"规划》	强化国际理解教育和国际素养培养,推进国际理解教育校本课程开发与实施,探索构建中外融合的"上海课程",支持上海国际化基础教育发展和境外中文学校设立,支持和组织学生参与国际性艺术、体育赛事和展演,增强学生对多元文化的理解

序号	省市	时间	政策/项目	相关表述
8	四川	2013	《成都市教育国际化发展专项规划（2013—2020）》	加强现代公民教育，塑造学生团队合作、诚实守信的良好品质；推动跨文化交流与融合，增进对不同国家、不同文化的认识和理解；在基础教育、职业教育、高等教育、终身教育中融入国际理解教育
		2015	《成都市教育局关于加强中小学国际理解教育的指导意见》	在中小学开展国际理解教育，学习和借鉴国际先进的教育理念和方法，有助于促进全市教育对外开放，为培养一批具有国际视野、通晓国际规则、能够参与国际事务和国际竞争的国际化人才奠定重要基础，满足成都市经济社会对外开放的要求，促进教育改革发展，提升成都市教育和城市的国际影响力和竞争力
		2020	成都市青羊区发布"熊猫课程"	"熊猫课程"涵盖了九大课程体系，包括"地域文化""历史文化""建筑文化""非遗文化""民俗文化""川剧文化""诗歌文化""教育文化""棋艺文化"；据悉，"熊猫课程"的开发和运用旨在立足于宣扬中国传统民族文化，在国际理解教育中打造文化输出的特色品牌，让学生在对本民族传统文化充分了解和认同的基础上，培养学生的文化自信和爱国主义情操，在国际交流互动中形成民族平等意识和民族团结合作精神
		2021	成渝地区双城经济圈国际理解教育联盟成立	联盟将开展国际理解教育的政策研究和学术研究，推动两地国际理解教育课程建设，加强国际理解教育课程师资培训，协同推进两地中外人文交流教育实验区建设；此外，联盟还将轮流在成都、重庆举办国际理解教育相关交流活动与竞赛，并开展困难地区国际理解教育帮扶等活动

续表

序号	省市	时间	政策/项目	相关表述
8	四川	2021	成都市西体路小学国际理解教育开放日	成都市西体路小学校引进国际青年组织AIESEC倡导和组织的"幸福微梦想"项目,通过改造校园环境营造开放包容的文化氛围、引进外教开展师生培训提升师生口语交际能力、深化国际理解课程改革、创新项目引领挂帅的方式,推动学校国际理解教育向纵深发展
9	浙江	2016	无锡市教育局《关于在全市中小学加强国际理解教育的意见》	加强国际理解教育资源库建设,通过收集整理校内外、地区内外、国内外开展国际理解教育的教学设计、教育资源、课程教材、研究成果、成功案例等,逐渐形成并不断充实本地本校国际理解教育资源库,为开展国际理解教育提供资源支撑
		2016	杭州上城推出国际理解课程,中西融合培育"气质"学生	以更开阔的国际视野谋划教育国际化的顶层设计,统筹推进基础教育国际化工作,尤其要研究和开发中小学国际理解教育区域大课程体系及校本教材,探索不同学段、不同学科统整的路径
		2018	舟山市教育局《关于加强中小学国际理解教育的实施意见》	通过研究性学习、合作探究、参观考察、社会实践、研学旅行等形式,引导师生在中外文化交流实践中进一步深刻理解和践行"尊重、包容、和平、公正、合作"等国际理解教育核心价值理念
		2020	杭州市江干区开展国际理解教育"种子教师"培训	学校发挥国际理解教育特色品牌优势,申报成为区域教师专业发展基地学校,所开设的"种子教师"培训纳入浙江省教师培训管理平台;通过系列培训,将全国首创的学科渗透型国际理解课程读本《我与世界》向杭州市内外进行辐射,提升教师的国际素养,培育学生的家国情怀和全球视野

续表

序号	省市	时间	政策/项目	相关表述
9	浙江	2021	共研杭迪两地国际理解教育课题搭建跨国研修互动"云平台"	杭州凯旋教育集团南肖埠小学与迪拜中国学校联合举办杭迪两地第三次国际理解教育研讨会,组织上城区援派迪拜教师担纲领衔,搭建跨国研修互动"云平台",运用一个市规课题带动多项教师小课题、一个科研项目带动多校教研提升的"一带多"模式,驱动教师专业发展,按照"一套标准,两个维度,同步课堂,差异成长"的整体架构,共创共享基于国际理解教育的海内外中文同步课堂,引导海内外中华学子开展异质对话与同侪互学,实现语文素养、家国情怀、国际视野"三个同步提升"
10	天津	2016	《市教委关于印发天津市关于做好新时期教育对外开放工作的实施意见的通知》	加强中外青少年友好交流,建设国际学生中国文化体验基地,搞好友好城市中外学生国际夏(冬)令营活动,积极开展国际理解教育,推进中外人文交流发展
		2018	河西区国际理解教育研学基地	河西区在国际理解教育方面硕果累累,其中,PACE课程是深度挖掘"让世界成为你的课堂"基础上的自有品牌和活动载体
		2018	泰达·明远国际教育论坛	论坛以"践行国际理解教育,迈向人类命运共同体"为主题,立足于《国家中长期教育改革和发展规划纲要(2010—2020年)》中提出的"要培养大批具有国际视野、通晓国际规则、能够参与国际事务与国际竞争力的国际化人才",着眼于推动构建人类命运共同体

　　结合个体成长规律与认知发展规律可以得知,学生年龄越小,其对国家民族的意识越淡薄。而心理学上通过对儿童的研究,发现早期的学习对个体意识观念的发展最为重要。在数字经济时代,大数据的运用与虚拟设备科技让公民地理空间的国籍变得模糊,个体不得不面对爆炸式的复杂信息环境。新时代以来,我国相继提出"人类命运共同体""一带一路""国内国际双循环"等国家发

展战略,今天的儿童在未来将会走进世界经济的发展格局中,儿童国际理解教育的发展与培养势必成为必修课。还要注意的是,目前,儿童处于思想意识逐渐形成的阶段,面对多元的思想观念时很容易被误导,所以,要在儿童适龄阶段积极介入,促进他们国际理解观的理性发展,增强他们的国家认同感。《中小学德育工作指南》中明确提出,要加强对学生国际视野、国际理解和综合人文素养的培养。这实际上反映了中国社会发展对中国教育的改革和发展提出了崭新的要求,也对处于关键期的新时代儿童国际理解教育提出了具体要求。

对新时代儿童国际理解教育内涵与特征的思考可以从马克思的经典著作中找到科学指导。一方面,马克思在《资本论》中明确指出:"未来教育对所有已满一定年龄的儿童来说,就是生产劳动同智育和体育相结合,这不仅是提高社会生产的一种方法,而且是造就全面发展的人的唯一方法。"①马克思已经明确提出了教育的原则:教育同生产劳动相结合。马克思在《哥达纲领批判》中提到:"在按照不同年龄严格调节劳动实践、采取各种保护儿童的预防措施的条件下,生产劳动和教育结合是改造现代社会的最强有力的手段。"②另一方面,人的全面发展的实质是完成对社会和自身的改造,个体通过劳动唤醒潜在的能力,在改造社会的同时也改变自己。这种改造的唯一途径是教育和生产劳动相结合,是社会教育的结果。正是在劳动的过程中,人的自然力量被唤醒了,学会与自然并存,在提高人的自身素质之后,社会生产力(人与自然的关系)会自觉发展,进而推动生产关系变革(人与人的关系)。

(二)儿童国际理解教育的缘起与发展

1.国际理解教育的理念缘起

对儿童国际理解教育的研究必须回归到国际理解教育本身的发展历程。基于对两次世界大战的反思和人类未来和平发展的期望,联合国教科文组织提出了"国际理解教育"理念:"希望人们能够通过教育意识到一个全球性国际社会和组织的存在,促使人们承认各文明和民族的同等地位,加深对于不同民族

---

① 中共中央马克思恩格斯列宁斯大林著作编译局.马克思恩格斯文集:第九卷[M].北京:人民出版社,2009:340.

② 中共中央马克思恩格斯列宁斯大林著作编译局.马克思恩格斯选集:第三卷[M].2版.北京:人民出版社,1995:293.

间相互依赖的理解和认识,并且让人们为提升国际理解和合作尽到自己的责任。"①"实现国际理解教育目标的方法包括推广最新的教育方法并且传播与联合国、普世人权以及有关国家情况相关的知识和信息。"②20 世纪中叶,国际社会形成了以美苏为主要阵营的国际关系体系,局部武装冲突与意识形态领域的斗争成为对抗的主要形式,这种现实的国际关系格局推进了国际理解教育理念的发展,"强调国际理解对于国际社会的重要性,着重突出了包含'国际理解''合作'和'和平'在内的'国际教育',这样的国际教育以发展人民与人民之间、拥有不同社会和政治系统的国家与国家之间的友善关系为原则,以尊重人权和基本自由为基础"。20 世纪末,国际政治秩序的变革与重组引发了深刻的民族冲突和地区危机,极端的宗教主义和民族主义不断抬头。在这一背景下,联合国教科文组织(UNESCO)于 1995 年发布《和平、人权与民主教育行动宣言与综合框架》,倡导建立一个由多行为体组成的教育系统,以实现和平、人权、民主及可持续发展的教育目标。同时,这一文件还指出,国家和全球层面的知识、理解以及对其他文化的尊重是促使全球相互依存、推动地方行动的重要力量。在最近的二十年里,国际理解教育一方面与可持续发展目标紧密结合,一方面也在推动全球公民教育中得以体现,"尊重文化多样性,承诺在地方和全球构建一个宽容、非暴力以及和平的文化"③。

纵观国际理解教育理念的缘起演变可以发现,国际理解教育的理念内涵是国际社会发展现实存在的产物,与具体的人类社会生产力发展水平密切相关。一方面,当人类社会生产力发展还处于较低的水平时,诸如在奴隶社会和封建社会阶段,人类的对外交往多以财富掠夺、领土扩张为目的,国家边疆、民族个体意识较为强烈,难以形成一体化发展的共识。这个时候国家文明与跨国家文明的交流发展还在初始阶段,是不可能形成共识的国际理念,更不会有国际理解教育的实施与推广。而当人类社会迈向资本主义社会和社会主义初级阶段时,社会生产力在科学发明的促使下爆发,社会生产率极大提升,社会分工突破

① UNESCO. Report of the Director-General on the Activities of the Organizations (April 1951 to July 1952), Chapter VIII[R/OL]. (1952-10)[2019-05-03]: 211-212.

② UNESCO. Education for International Understanding: Examples and Suggestions for Classroom Use[R]. UNESCO, 1964.

③ PIGOZZI M J. A UNESCO view of global citizenship education[J].Educational Review, 2006,58(1): 1-4.

了传统的国家边界,在全球范围内形成了新的社会生产分工体系,国家之间形成了密切的交往关系,国家间的关系在战争与和平中动荡,国际理解的理念便在商品生产、分配、交换、消费的过程当中逐步萌芽,国际理解教育也随之应运而生。

从国际理解教育的发展沿革可以看到,国际理解教育旨在培养具备全球意识的世界公民,是对战争与冲突的反思,蕴含对未来人类社会发展走向融合的美好愿望。但是,对什么是国际理解教育还难以做出明确的概念界定,尤其是在当前人类社会正面临百年未有之大变局,无论是社会的重建,还是国际关系变动导致的局部武装冲突,都显现了后冷战时期最为动荡的国际格局变化。纵览世界格局,第二次世界大战后世界总体和平的状态逐渐削弱,这种变化又引发了新时代国际理解教育理念内涵的动态发展。北京师范大学教授姜英敏认为,国际理解教育经历了在全球层面、在各个国家、在不同时代的发展和变化,产生出四大理论分支:一是来自联合国教科文组织的国际理解教育理论,以"全球公民"为培养目标,以"世界和平"为实施目的,强调文化间理解、人权、民主、和平、可持续发展等核心价值;二是在国际合作的前提下,来自区域性国际组织,例如经济合作与发展组织或部分国家间合作提出的国际理解教育理论,以培养"全球责任感"为目标,旨在解决全球化所带来的人类共同面临的问题,以全球责任意识、区域合作意识为核心价值;三是各国为提高国民的国际竞争力建构的国际理解教育理论,以扩展全球视野,提高国际沟通能力、外语能力、信息处理能力为教育目标;四是各国为解决全球化所带来的国内问题而形成的国际理解教育理论,以促进国内各民族、多元价值和多种处境群体之间的和谐共生为目标,以民族教育、移民教育、海外子女教育等为内容①。随着人类社会生产的进一步发展和世界格局的变动,国际理解教育的理念内涵还将继续演变发展。

2.儿童国际理解教育的内涵目标

如何在急剧变化的时代准确把握住儿童国际理解教育的内涵目标是一个重大的挑战。在世界的多极化发展中,开展儿童国际理解教育逐渐成为联合国教科文组织倡导加强不同文明、不同文化之间相互理解、相互尊重和相互借鉴

---

① 姜英敏.东亚国际理解教育的政策与理论[M].北京:高等教育出版社,2017:3-4.

的重要工具。面向未来人类社会发展实施儿童国际理解教育具有重大意义。一方面,在数字经济时代,大数据的运用与虚拟设备科技让公民地理空间的国籍变得模糊,个体不得不面对爆炸式的复杂信息环境,今天的公民还未走出国门却早已走进世界的发展中,儿童国际理解教育的发展与实践势必成为必修课。另一方面,结合个体成长规律与认知发展过程可以得知,个体年龄越小,其对国家民族的意识越淡薄;而心理学对儿童的研究发现,早期的学习对个体意识观念的发展最为重要。从人的自身成长来看,儿童处于思想意识逐渐形成的阶段,面对多元的思想观念时很容易被误导,所以,要在儿童适龄阶段积极介入,促进他们国际理解观的理性发展。

　　通常我们认为,"全球化是各国相互联系和相互依存不断加深的过程,是人类社会发展的必经之路,因而也是一种不可逆转的历史发展趋势"①。然而,纵观人类从原始社会到资本主义社会的演进过程我们可以发现,世界政治经济秩序本质上是由主权国家或者集团之间通过相互的力量角逐进行制约发展的,每一个享有独立主权的国家或者集团都会格外关注自己的利益。明确国家主权仍然具有最高独立自主性的原则,对于我们在全球化趋势下理解和实施儿童国际理解教育有了更清晰的目标定位。儿童国际理解教育作为对战争与暴力的反思,体现了人类社会对和平发展的主张和向往,体现的是整体性发展的思想,是对人类自身作为一种"类存在物"的共同属性的确立。在全球化背景下,儿童国际理解教育所倡导的相互依存、平等相待、互商互谅等内容体现出更为宽泛的精神实质。首先,弘扬各自民族独有的文化特质。教育可以培养人们对国家文化的认同感、自豪感,具有良好的传播性。国际理解教育可以让儿童在学习过程中认识国家在世界中所处的位置,为儿童树立良好的自信心与民族自尊心,进而客观了解各国文化,让儿童能用更开放、更客观、更冷静的心态看待不同文化之间的差异,并能够接纳不一样的文化价值观。其次,能够拓宽儿童的国际视线,让儿童观察一个更宽广的世界,具备以全球为基点的胸怀,提高相互依存的意识,培养儿童将各自的政治制度、国家体系、民族文化视为整个世界的一小部分,以"全球"为目标,去观察、了解,以长时段的思维整体思考如何解决目前全球化发展下国际社会中人类共同面临的问题,促进世界各民族的多元价

---

① 江时学."逆全球化"概念辨析:兼论全球化的动力与阻力[J].国际关系研究,2021(6):3-17.

值体系和谐共存。同时,全球化将世界各国融为一个存在的整体,绿色、开放的可持续发展就需要促成更多的国际沟通与合作,建成稳定和平的国际秩序。每个国家都作为一部分参与全球的共同利益搭建,单独一个国家不可能脱离全球整体而单独存在。因此,所有国家都是具有较高的统一性,全人类必须携手共进,共同谋求更加紧密的联系。儿童处于认知能力的发育期、情感态度的培育期、技能培养的黄金期,儿童国际理解教育能够养成儿童以尊重、客观、公平的态度与其他国家进行交流协商,掌握必备的交流技能,形成跨界思维,共同处理国际中的矛盾,促进全球人类朝着共同方向前行,实现全人类的共赢。

当前,儿童国际理解教育面临两个具体的影响因素。一方面,在数字经济时代,人工智能技术将急剧改变人类社会存在的方式,人类朝着下一次科技革命进发,全球化使得任何科技革命的发展都需要紧密连接的产业链,只有共同享有才能共同发展,国家之间无法摆脱相互依存的局面。然而,逆全球化和孤立主义却反其道而行之,尤其是重大国际危机事件的发展使得保守主义倾向抬头,最为明显的就是公共危机事件的持续导致国际关系中的局部武装冲突。另一方面,时间感的缩短与空间感的压缩使得跨国交流、留学、旅游已经进入世界各国公民的常态化生活中。随着社会生产力的进一步发展,跨区域、多文化的交流乃至人口的流动将不会再受到时空的限制。对于人类公共性问题,如何引导儿童理解生命,如何加强世界各国的联系共同应对危机,解决战争等问题可能带来的危机是当前加强儿童国际理解教育的重要视野。教育是和平的种子,是国际理解的桥梁,儿童则是国家的未来和民族的希望,更是整个人类世界的未来,只有当儿童具备国际合作的意识,树立正确的发展观,人类社会才能走向联合。只有打破思维认知上主权国家的壁垒,正确理解历史、着眼未来,让儿童能够秉持全球意识,加强文化合作,促进互相理解、互相信任,我们才能使世界丰富多彩、持久和平。

3.国外儿童国际理解教育的研究情况

首先,对教育主体的探讨,包括国际学生教育、教师培养和政府行为等方面。在内容上,包括课程改革、教育公平、跨文化交际能力和社会公平等范畴,这些范畴之间是互动的,并且可以进一步细分为不同类别,但均体现了全球化的考量。如 Hawley 认为,促进国际理解是高等教育的职责,国际组织应该积极参与进来;从课程到课外活动的设计,国际理解教育被给予大量关注;国际理解教育应该作为一门新的课程进行设计①。Burgess 从教育交流项目入手,从课程设置、学校管理、公共政策、教师教育等角度探讨了国际理解教育的落实,并指出应该从中学阶段进行落实②。

其次,在实践路径上,则是强调从国际性的历史或者政治视角进行文本解读、田野调查和实验等,并鼓励多语言、跨地域合作。Heater 从政府角色、志愿机构活动、学校工作和未来探讨了国际理解教育在英国的发展③。Hayden 和 Thompson 从国际理解的角度探讨了国际学校的分类和建设问题,范围涉及从学前教育到大学前的各个教育阶段,并指出国际学校对国际理解教育的发展具有非常特殊的意义④。

再次,在价值取向上,学界对国际理解教育的国家定位与国际定位问题有不同的意见,对所培养公民的文化定位问题也存在全球性、历史性和国家性等不同层面的争论。Broeckx 认为,国际理解教育的内涵有三个特点,即普遍性、世界性和尊重不同的族群⑤。McNeal 通过调查分析了教师的多元文化教育理念对学生的影响,认为影响学生学业成功的因素多种多样,但教师工作是其中最为显著的因素之一,教师具有多元文化经验,并对具有多元文化背景的学生有积极的教育态度,将对学生的学业成功有显著提高作用⑥。Suárez 等人指出,国际理解教育会促进对国际社会作为一个共同体的认识,并提升对人权的保障⑦。

最后,在经验总结、影响分析和对未来的展望方面,对国际理解教育的发展

---

① HAWLEY C E. Education for international understanding [J]. Bulletin of the American Association of University Professors, 1949,35(3): 530.

② BURGESS W R. Education for international understanding[J]. The Bulletin of the National Association of Secondary School Principals, 1968, 52(332): 95-111.

③ HEATER D. Education for international understanding: A view from Britain [J]. Theory Into Practice, 1982, 21(3): 218-223.

④ HAYDEN M, THOMPSON J. International schools and international education: A relationship reviewed[J]. Oxford Review of Education, 1995, 21(3): 327-345.

⑤ BROECKX J L. On reaching aesthetics in secondary schools and education for international understanding [J]. Leonardo, 1979,12(1): 54-58.

⑥ MCNEAL K. The influence of a multicultural teacher education program on teachers'multicultural practices [J]. Intercultural Education,2005,16(4): 405-419.

⑦ SUÁREZ D F, RAMIREZ F O, KOO J W. UNESCO and the associated schools project: Symbolic affirmation of world community, international understanding, and human rights[J]. Sociology of Education, 2009, 82(3): 197-216.

进行纵向比较和分析,总结优秀经验,提出存在的各种问题。Cook-Sather 认为,国际理解教育作为联合国教科文组织的一个主要目标,并没有受到研究者足够的重视,这个目标充满"说教的和促销的"意味,大量失败的结果表明,"宣称的目标"与"教育的结果"之间存在巨大差距①。White 介绍了联合国教科文组织在 1947—1967 年这 20 年间在历史课与地理课教育方面就国际理解教育所做的努力及存在的问题②。

4.我国儿童国际理解教育的实施情况

改革开放以来,中国社会发展走进世界政治经济体系当中,中国的青年人不断走向世界,中国的发展也需要国际化的青年人才。党的十八大以来,我国以更加开放包容的心态走向民族复兴。以习近平同志为核心的党中央通过提出人类命运共同体、"一带一路"倡议、签署巴黎协定、倡导多元主义等人类社会层面的社会合作思想与行动,将本民族国家利益与人类社会的利益融为一体。2018 年,习近平总书记在庆祝改革开放 40 周年大会上的讲话中指出:"必须坚持扩大开放,不断推动共建人类命运共同体。"改革开放 40 多年的实践启示我们:开放带来进步,封闭必然落后。中国的发展离不开世界,世界的繁荣也需要中国。我们统筹国内国际两个大局,坚持对外开放的基本国策,实行积极主动的开放政策,形成全方位、多层次、宽领域的全面开放新格局,为我国创造了良好的国际环境,开拓了广阔的发展空间③。

我们可以看到,我国的国家发展战略凸显了当前时代背景下实施儿童国际理解教育的重要性,要求尽快在各个层面实施儿童国际理解教育,推动儿童国际理解教育的发展与实施。一方面,我国改革开放的成功经验和现实实践说明,走向民族复兴必然要培养更多国际化的青年人才,这就要求基础教育领域的发展导向要不断向外扩散,拓展儿童国际文化交流实践,推动国际理解教育在儿童中的发展。另一方面,国际理解教育理念所倡导的加强不同文明、不同文化之间的相互理解、相互尊重和相互借鉴,以构建更加包容的世界,促进世界

---

① COOK-SATHER A, ALTER Z. What is and what can be: How a liminal position can change learning and teaching in higher education[J]. Anthropology & Education Quarterly, 2011, 42(1): 37-53.

② WHITE J. "The peaceful and constructive battle": UNESCO and education for international understanding in history and geography, 1947-1967[J]. International Journal of Educational Reform, 2011, 20(4): 303-321.

③ 习近平.在庆祝改革开放 40 周年大会上的讲话[M].北京:人民出版社,2018.

和平、合作与交流,建设人类共同的美好未来的内涵精神也有益于培养新时代的中国儿童。在这样的背景下,我国各个省市地方结合自身地域实际,在多个层面实施了儿童国际理解教育。

5.学术界对相关问题的研究情况

一是关于国际理解教育理念的研究。总体看来,我国学界对国际理解教育应该秉承什么样的理念和价值观研究得较少。根据检索到的文献,目前国内对国际理解教育理念进行系统研究的以北京师范大学姜英敏教授为代表。她自2007年开始对国际理解教育进行研究,根据国际形势的发展和变化,提出了从"和而不同"到"'异己'间共生"的国际理解教育理念[①]。刘洪文认为,全球化背景下国际理解教育就是培养学生与异国文化相沟通的语言能力、表达能力、国际性礼节和理解能力,并在广阔的国际范围、整个地球和全人类的视野中陶冶人格,具备能与不断缩小着的地球上的所有人共同生活与工作的意识和态度;能站在全人类的视角,为人类和平与发展、为解决世界上各种问题做出自己积极的努力,为参加保护地球的生态系统,实现人类与自然、经济与社会的协调、可持续发展作出应有的贡献[②]。

二是关于其他国家和地区国际理解教育的研究。目前,我国学者研究得比较多的主要有美、日、韩三国的国际理解教育,还有部分学者关注英国、澳大利亚的国际理解教育开展情况。对这些国家国际理解教育的研究主要包括国际理解教育理念、经验介绍和个案研究。例如,裴美花的《韩国初中国际理解教育研究》,许霄羽的《斯坦福大学国际理解教育个案研究及启示》,郭峰、王兴华的《美国大学开展国际理解教育的经验及其启示》,王威的《日本国际理解教育政策变迁研究》等。一些研究者介绍了北京、上海、广州等国际化程度较高的城市在国际理解教育的开展过程中积累的经验,如王远美、李晶的《北京市实施国际理解教育的回顾与思考》。戴锡莹、王以宁以中日高校学生进行远程交流为例,探讨了国际理解教育的远程实践路径,并对教学结果进行了检验评估,提出国际理解教育的教育目标需要加强[③]。

---

① 姜英敏.全球化时代我国国际理解教育的理论体系建构[J].清华大学教育研究,2017,38(1):87-93.
② 刘洪文.全球化背景下我国中小学国际理解教育研究[D].北京:中央民族大学,2004.
③ 戴锡莹,王以宁.融合国际理解教育思想的国际远程协作学习研究与实践[J].现代远程教育研究,2011,23(4):61-65.

三是关于在学科教学中进行国际理解教育的研究。这部分的研究占多数,学者们从不同角度对如何在学科教学中开展国际理解教育进行了大量的探索和思考,主要涉及的学科有英语、语文、地理、历史、音乐和思想政治课。英语学科教学涉及范围比较广,既有中小学英语教学,也有大学英语教学,其他学科的研究主要集中在中小学。例如,杨敏的《国际理解教育实施的有效策略——以中学英语课程为例》,吕荟的《国际理解教育在高中英语教学中的运用研究——以成都市 S 中学为例》,别婷婷的《初中语文教科书中国际理解教育资源的分析——以人教版为例》,赵新的《如何在音乐学科中渗透国际理解教育》。由此可见,我国学者对中小学的国际理解教育关注度比较高,这也说明了学者们希望孩子们从小树立正确的世界观,学会与"异己"共生。

四是关于实施国际理解教育存在的问题和对策研究。学界除了向国外学习探索如何在各个阶段有效实施国际理解教育之外,也对我国在国际理解教育实践中存在的问题进行反思。如张静静的《小学国际理解教育课程实施:问题与建议——基于 S 小学的个案研究》提出,国际理解教育相关课程教学过程中存在过度依赖教材的弊端,这限制了学生发挥其学习的主观能动性,同时课程教学中存在严重的学科知识化倾向,国际理解教育课程转化为地理课、历史课,存在严重的教学技术性倾向,对学生自主思考的能力培养不到位等问题[1]。杨小玲的《国际理解教育实践中存在的问题与对策探讨》,王中华、熊梅的《国际理解教育校本课程开发的经验、不足与对策——以 F 小学为个案》,闫晓荣的《国际理解教育发展中存在的问题管窥》也都对此问题进行了研究。

五是关于当前社会背景下儿童国际理解教育的研究。王阿敏在《"一带一路"教育行动中乌鲁木齐市小学生国际理解观研究》中对乌鲁木齐市小学生国际理解观的开放意识、世界公民意识、本国的国际认同意识、国际理解的能力意识四个维度进行调查分析研究。研究分析框架主要包括乌鲁木齐市小学生国际理解观的年级、性别、民族、出生地和使用互联网时间的显著差异分析[2]。《中国国际学校蓝皮书——国际理解教育发展现状研究(2019)》对国际学校学生开

---

① 张静静.小学国际理解教育课程实施:问题与建议:基于 S 小学的个案研究[J].教育导刊,2012(6):75-77.

② 王阿敏."一带一路"教育行动中乌鲁木齐市小学生国际理解观研究[D].乌鲁木齐:新疆师范大学,2018.

展"国际理解教育了解程度"问卷调查显示,大部分国际学校学生对"国际理解教育"了解程度较高。其中,有 56.79% 的学生对"国际理解教育"较为了解,并且参与过"国际理解教育"相关活动,从未听说过"国际理解教育"的仅占 11.11%。

(三)重庆市儿童国际理解教育的实施现状

1.教育深化开发奠定了实施儿童国际理解教育的前置条件

党的十八大以来,重庆发展踏上了新征程。习近平总书记对重庆提出的"两点"定位、"两地""两高"目标和"四个扎实"要求,为重庆发展带来了崭新的机遇。2016 年,习近平总书记视察重庆时指出,重庆是西部大开发的重要战略支点,处在"一带一路"和长江经济带的联结点上,要求重庆建设内陆开放高地,成为山清水秀美丽之地。2018 年全国两会期间,习近平总书记在参加重庆代表团审议时,又要求重庆努力推动高质量发展、创造高品质生活。2019 年,习近平总书记视察重庆时指出,要更加注重从全局谋划一域、以一域服务全局,努力在推进新时代西部大开发中发挥支撑作用、在推进共建"一带一路"中发挥带动作用、在推进长江经济带绿色发展中发挥示范作用。重庆作为国家发展的战略支点,在服务区域发展和对外开放格局中具有独特而重要的作用。2021 年,重庆市政府发布了《重庆市教育事业发展"十四五"规划(2021—2025 年)》(以下简称《规划》),对重庆市过去五年教育事业改革开放做出了总结,"在'十三五'期间重庆教育改革开放取得新突破。教育领域综合改革不断深化,服务'一带一路'教育共建共享能力显著增强,中外合作办学机构和项目达到 54 个,出国留学和来渝留学规模和质量明显提升,孔子学院和孔子课堂覆盖世界五大洲 15 个国家和地区,职业教育对外开放实现新跨越"。《规划》针对性分析了"十四五"期间重庆市教育事业所要面临的现实环境,"当今世界正经历百年未有之大变局,国际政治、经济、科技、文化、安全等格局深刻调整,新一轮科技革命和产业变革深入发展,全球人才和科技竞争加剧,教育形态模式重塑,对学习者能力素养和教育现代化提出了前所未有的新要求。"《规划》也同样指出了当前重庆市教育事业存在的问题,"面对新形势,重庆教育发展不平衡、不充分问题仍然突出,还不能很好地满足经济社会发展和人民群众对教育的需求。教育总体发展水平与教育发达地区还存在较大差距;科学的教育理念尚未在全社会牢固树立,育人方式、人才培养模式有待完善,优质人才资源支撑不足"。因此,《规划》

中明确提出了要实施教育对外开放提质计划,通过"大力引进海外优质教育资源""提高国际化人才培养和留学工作质量""有效拓展中外人文交流空间""创新推进'一带一路'教育共建共享""支撑服务中西部国际交往中心建设"以构建教育对外开放的新格局。按照习近平总书记对重庆提出的"两点"定位、"两地""两高"目标和"四个扎实"要求,结合当前重庆市发展定位所面临的格局,2023 年,重庆市委书记袁家军突出强调,要"全力培育建设现代化重庆都市区,着眼建设现代化国际大都市","要大力推进更高水平改革开放","推进西部陆海新通道建设,提高开放型经济发展质量"。

2.国际交流与合作构建起儿童国际理解教育的新格局

2021 年,重庆市人民政府印发的《重庆市全面融入共建"一带一路"加快建设内陆开放高地"十四五"规划(2021—2025 年)》明确提出,到 2025 年基本建成内陆开放高地,到 2035 年建成具有全球重要影响力的国际门户枢纽城市,成为我国内陆开放战略高地和参与国际竞争的新标杆。《规划》明确指出,重庆要在"十四五"期间实施教育对外开放提质计划,"推动建设陆海新通道职业教育国际合作联盟等平台。新增 20 个中外合作办学机构和项目。建设海外中国国际学校。建设 60 门来华留学全英文授课品牌课程。建设 50 所中外人文交流特色学校和 100 所中外人文交流窗口学校。建设一批国际化特色高校和特色项目。推动新增一批非通用语专业,培养一批复合型国际化人才,产出一批高质量研究成果"。《重庆市人民政府工作报告(2022 年)》强调,"重庆是国内国际双循环的重要节点,要全面融入共建'一带一路'和长江经济带发展,加快建设内陆开放高地,让重庆与世界精彩互动"。随着重庆社会经济的稳步发展,儿童国际理解教育在城市对外发展与教育对外开放中汇聚了磅礴力量,具体情况见表 1-2。

表 1-2　近年来重庆市教育事业实施对外开放的部分项目举措

序号	时间	部门	形式	项目
1	2018	沙坪坝区教委	项目培训	中小学"国际理解教育"主题培训会
2	2019	重庆市教委	战略合作	签订《教育部中外人文交流中心与重庆市教育委员会关于做好中外人文交流工作的战略合作协议》

续表

序号	时间	部门	形式	项目
3	2019	重庆市教委	文件通知	《重庆市高等学校招收和培养国际学生管理办法》
4	2019	国际交流协会	战略合作	签订《中外人文交流(重庆)试验园区共建协议》
5	2019	国际交流协会	交流活动	"把世界精彩带到重庆"系列活动
6	2019	高滩岩小学	学术研究	重庆市中小学生国际理解力培养策略研究开题会暨重庆市中外人文交流研讨会
7	2020	重庆市教委	战略合作	共建"成渝中外人文交流协作平台"
8	2020	重庆市教委	项目培训	重庆市中小学教师国际理解教育专题培训
9	2020	西南大学	学术讲座	《人类命运共同体视域下的国际理解教育》学术讲座
10	2021	重庆市教委	项目培训	重庆市中小学管理干部国际理解教育专题培训
11	2021	重庆市教委	战略合作	成立成渝地区双城经济圈国际理解教育联盟
12	2021	重庆市教委	战略合作	成立陆海新通道职业教育国际合作联盟
13	2021	重庆市教委、重庆市财政局	项目研究	立项建设重庆市国际化特色高校和特色项目
14	2021	沙坪坝区	学术交流	设立基础教育人文交流中心
15	2021	南岸区教委	交流活动	2021中小学国际友好学校年会
16	2022	国际教育研究会	学术交流	举办重庆中外数学文化交流创新大会

3.实施儿童国际理解教育存在的不足之处

一是在课程教材研发和师资队伍建设方面存在不足。首先,课程设定与教材研发整体不够,没有专门性的儿童国际理解教育教材,未系统性地开设针对性课程;选用的教材体现国际理解教育特色不足,课程教材内容未能有效激发学生的学习热情和学习积极性,"国际理解"成为"国际了解"。其次,师资队伍的建设与培养起步较晚,师资素养不足。从查阅到的资料显示,重庆市直到2018年才开展专项师资培训,同时,培训后缺乏专业资格认证机制,缺乏有效的政策匹配,未建立师资长期培养机制。再次,国际理解教育课程与其他专业课之间"融合"不充分,教学针对性不强;师资队伍与其他学科师资队伍之间存在明显间隔,师资队伍特色不明显,缺少品牌团队。

二是对理论的研究还停留在比较浅的层次上。开展儿童国际理解的根本目的在于培养重庆市儿童"具有全球意识和开放的心态,了解人类文明进程和世界发展动态;能尊重世界多元文化的多样性和差异性,积极参与跨文化交流;关注人类面临的全球性挑战,理解人类命运共同体的内涵与价值等"。这一理念阐释中蕴含多个核心关键词,需要儿童准确把握。在"百年未有之大变局"中开展儿童国际理解教育首要解决的必须是理论上的问题,没有掌握具体的理论,实现国际理解教育理念在重庆的地域化就不会有符合现实的实践举措。当前重庆市对儿童国际理解教育研究较多停留在一般性的宣传层面,更多的是一种原始资料的积累,缺少学术团队和科研机构对重庆市儿童国际理解教育的具体问题进行深入透彻的研究。

三是在实践拓展层面存在不平衡不充分的问题。一方面,从开展国际理解教育本身角度来看,受限于东西部城市发展差异和教育资源差距,重庆市儿童国际理解教育在横向比较上明显慢于北京、上海、深圳、成都等经济发达、教育基础好、国际交往频繁的大中城市。从纵向来看,重庆市儿童国际理解教育同样存在城乡差距和区域差别。另一方面,从供给关系上看,儿童国际理解教育及其延伸产品的有效供给与培养支撑重庆战略定位的青少年人才需要不相适应。一是重庆教育事业的对外开放已经为推动儿童国际理解教育打下了坚实基础,但在实践中没有畅通实施国际理解教育的渠道;二是校府、校企、校校、校地合作项目较少,启动时间晚,合作项目的作用与功能发挥有待进一步验证,未能及时支持重庆内陆高地建设和青年人才培养。

上述不足之处显然并不利于重庆市儿童国际理解教育的推广,也不利于整体提高重庆市教育事业对外开放的水平,需要采取各类措施弥补现实差异,解决现实问题。

（四）重庆市儿童国际理解教育的实践价值

1.适应重庆城市建设和教育发展的时代要求

加快开展儿童国际理解教育的研究与实施,利用国内外教育资源学习全球性知识,推动重庆市儿童教育的对外开放与发展交流,培养一批具有国际视野、通晓国际规则、能够参与国际事务和国际竞争的国际化人才,满足重庆市经济社会对外开放的要求,促进教育改革发展,提升重庆市教育和城市的国际影响力和竞争力。从政治层面上看,重庆作为西部唯一直辖市,是我国未来发展西部对外开放的新高地,必须要打造与其国家定位相符合的战略定位。从经济发展层面上看,重庆正在与成都打造成渝地区双城经济圈,成渝地区必将成为我国西部经济发展的"火车头",必须打造出与城市发展配套的人才。综上,为加快建设具有全国影响力的科技创新中心和深入推动成渝地区双城经济圈建设,义务教育作为国民教育体系的基础,必须加快推进儿童国际理解教育的实施,积极承担起促进人文交流、促进民心相通等时代赋予教育的新使命。

2.发展学生核心素养的内在要求

儿童国际理解教育是新时代素质教育的重要体现,是学生核心素养的重要组成部分。儿童国际理解教育的实施与发展,有助于增强儿童的人类命运共同体意识,培养对中华民族文化的认同感和自豪感,形成以"民族情怀,世界眼光"为核心的尊重差异、理解多元、接纳吸取、合作共享的国际素养,提高跨文化理解、交流与沟通的能力,培养关心人类面临的共同问题和共同发展的情操,形成正确的世界观、人生观、价值观,促进全面发展。当前,重庆作为西部内陆新高地,在对外发展交流上存在一些短板,既有历史因素,也有区位影响。因此,必须抓住国内国际的有利条件,大力促进儿童国际理解教育的发展。

3.打造中外人文交流特色学校和窗口学校的重要任务

开展儿童国际理解教育是打造中外人文交流特色学校和窗口学校的重要工作要求。儿童国际理解教育的实施是一个系统的载体,包括师资、课程、教材、培训等重要资源。通过儿童国际理解教育的实践将有助于以此打造出具有地域特色的对外交流平台,有效带动和引领重庆市中小学加快提升基础教育国际化水平,抓住打造中外人文交流特色学校和窗口学校的契机,以点带面,加快推进国际理解教育的教材建设、学科渗透、教师培训、国际交流合作,逐步实现儿童国际理解教育工作多点覆盖的实施效果。

（五）重庆市儿童国际理解教育的目标要求

1. 准确把握儿童国际理解教育的育人目标

开展儿童国际理解教育是为了使中小学生在对本民族主体文化认同的基础上，了解别国历史、文化、社会习俗的产生、发展和现状，学习与其他国家人民交往的技能、行为规范和建立人类共同的基本价值观。一方面，在知识的学习中能够正确分析世界政治态势、经济发展状况及其对本国发展的影响，培养其未来向度的国际交流与国际合作能力。另一方面，正确认识现有经济竞争与合作、生态环境、多元文化共存、和平与发展等方面的国际问题，使儿童能够在崇尚社会主义核心价值观的同时了解国际法律法规，自觉养成遵守规则、尊重理解国际惯例的良好习惯。

2. 确定阶段性工作推进目标

儿童国际理解教育的实施应认真组织和制定符合重庆区域特色的儿童国际理解教育阶段目标。倡导和推动中小学校开发和应用国际理解教育校本课程；加强中小学教师的儿童国际理解教育能力培训，切实增强教师跨文化交流和文化理解能力，开阔国际视野，提升全球素养，培养一批本土情怀与国际视野兼具的国际理解教育"引路人"；在中小学学科教学中融入国际理解教育元素，培养学生国际意识以及跨文化理解、交往与沟通能力，尊重世界各地文化、宗教、风俗、礼仪，在潜移默化中提升学生的国际理解素养；探索实践以国际理解教育为主题的各类校园活动、社团活动；创设国际理解教育校园文化，使其成为开展国际理解教育的隐性教育资源。

二、调研目的与意义

（一）调研目的

1. 现状了解

本研究基于国际理解教育相关理论，通过问卷调查重庆市"一区两群"中小学实施国际理解教育的情况下，阐述中小学国际理解教育开展的现状，同时结合区县教育主管部门管理者、中小学管理者和教师访谈记录，了解当下重庆市中小学儿童国际理解素养现状。

2.差异对比

通过抽样调研重庆市"一区两群"相关教育管理者、儿童等相关方,找出大都市区、渝东北城镇群、渝东南城镇群各区域之间儿童国际理解教育存在的差异性及其影响因素。

3.咨政建议

在基于探索讨论重庆市儿童国际理解教育现状和问题的基础上,找出比较可行的改善目前重庆市儿童国际理解教育问题的策略,丰富国际理解教育的理论认识,为学校更好地开展国际理解教育教学活动提供借鉴,也为相关行政部门提供参考。

（二）调研意义

1.理论意义

课题组在查阅资料的过程中发现,目前我国关于国际理解教育的研究大体分为两类:一类是关于国际理解教育的理论研究;一类是国际理解教育的学科研究。关于理论研究,主要集中于对国外先进国际理解教育理念的介绍;关于国际理解教育学科方面的研究,国内许多学者已经付诸实践,结合课程教育向学生渗透国际理解教育。本研究通过对不同学校的中小学生进行国际理解教育的问卷调查,进而发现当下中小学国际理解教育的特点和存在的不足,分析不足产生的原因,找到针对的策略方法,希望能够客观地反映中小学国际理解教育的现状,为今后其他学者从事相关理论研究提供数据支持。

2.实践意义

本研究通过对重庆市"一区两群"部分中小学实施国际理解教育现状的调查研究,发现如今中小学国际理解教育的实施现状及存在的问题,对比查阅文献中国内外的先进教学经验,总结这些年来中小学开展国际理解教育取得的成果及存在的不足,并结合我国中小学自身的特点及教育模式提出针对性的解决方案。希望可以为我国其他区域中小学国际理解教育的开展提供参考,促进中小学校园文化的建设,提升我国中小学教育阶段的国际理解教育的质量。同时,也希望能为中小学生国际理解能力的培养创设良好的校园环境,从小培养学生的民族文化自豪感,进而在形成对本民族文化认同的基础上,让学生更牢固地建立国际理解意识,提升其国际理解能力,同时使学生理解世界的多元性,形成正确的世界观和价值取向。

三、调研概况

（一）调研周期

为深入推进课题实效,充分了解当前重庆市"一区两群"儿童国际理解教育现状及区域差异,项目组分为 2 组(问卷组、访谈组)于 2021 年 9 月全面启动调研工作,分别于 2021 年 9—12 月完成问卷调研,2021 年 10 月—2022 年 3 月完成访谈调研。

（二）调研对象

1.主体对象

为充分占有一手资料,项目组多方论证,考量相关涉及对象,确定此次调研的对象主要为:一是重庆市"一区两群"中小学学校管理者,主要有区县教育委员会分管基础教育的领导、一线学校校长、教师等;二是重庆市"一区两群"儿童,主要包括小学、中学阶段学生群体。

（1）国际理解教育现状调研教师卷基本情况

本次调查研究中的教师卷总计回收 1441 份,包括小学教师卷 1006 份,初中教师卷 218 份,高中教师卷 217 份,具体情况见表 1-3。其中男教师 508 人,女教师 933 人,男女比例约为 1:2,基本符合重庆市基础教育教师的性别结构。在年龄分布上,覆盖了老、中、青三个年龄段的教师,青年教师居多,其中 25 岁及以下教师占比62.2%,26～35 岁教师占比 18.8%,36～45 岁教师占比 11.9%,46 岁及以上教师占比 7.1%。在教龄分布上,任教 1～3 年的新教师占大多数,比例为 61.69%,此外也有骨干教师和教学经验丰富的老教师,具体结果见表 1-4。

表 1-3 重庆市中小学教师卷和学生卷回收统计表

	项目	份数（份）		项目	份数（份）
教师卷	小学	1006	学生卷	小学	1191
	初中	218		初中	790
	高中	217		高中	863
	总计	1441		总计	2844

表 1-4　教师年龄和教龄分布结果统计表

题目	选项	频数	百分比(%)	题目	选项	频数	百分比(%)
教师年龄分布	25 岁及以下	897	62.2	教师教龄分布	1~3 年	889	61.69
	26~35 岁	271	18.8		4~6 年	167	11.59
	36~45 岁	171	11.9		7~10 年	124	8.61
	46~55 岁	93	6.5		11~14 年	92	6.38
	56 岁及以上	9	0.6		15 年及以上	169	11.73

在任教学科上,覆盖了英语、数学、语文、物理、化学、生物、体育、音乐/美术、科学/信息技术、德育/思想品德/政治等多门学科,学科覆盖面较广。在教师专业背景上,72.8%的教师隶属教育学专业,此外还有文学(9.16%)、理学、法学、工学、哲学、艺术学等专业背景。在区域分布上,本次调研了重庆市"一区两群"中的近 30 个区县,其中都市区的样本量为 484 份教师卷,占比 33.6%,渝东北城镇区的样本量为 453 份教师卷,占比 31.4%,渝东南城镇区的样本量为 504 份教师卷,占比 35%,具体分布情况见图 1-1。

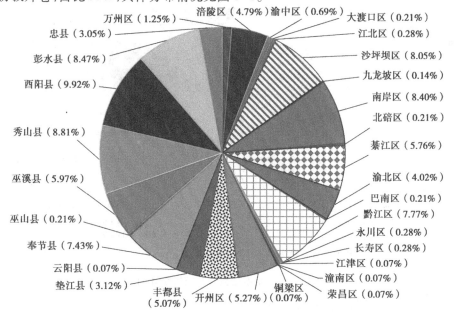

图 1-1　教师卷区县分布结果统计图

（2）国际理解教育现状调研学生卷基本情况

本次调查研究中的学生卷总计回收 2844 份，包括小学生卷 1191 份，初中生卷 790 份，高中生卷 863 份。其中男生 1253 人，女生 1591 人，男女学生的样本量相差不大。调研学生涉及汉族、土家族、苗族、壮族、满族、回族等 11 个民族，占比前三的为汉族（70.11%）、土家族（18.42%）、苗族（9.14%），其他少数民族占 2.33%。在学校类型上，区县重点中小学占比 28.45%、区县普通中小学占比 25.56%、省市普通中小学占比 13.01%、省市重点中小学占比 12.69%、乡镇完全小学/乡镇九年一贯制学校占比 10.09%、农村中小学占比 10.2%，由此可见，在学校的抽样选择上既考虑到了区县、省市的重点学校，也调研了农村普通中小学，样本量选择较为均衡。在区域分布上，学生卷的样本覆盖了重庆市下辖的 37 个区县，其中都市区的样本量为 1118 份学生卷，占比为 39.31%，渝东北城镇区的样本量为 806 份学生卷，占比为 28.34%，渝东南城镇区的样本量为 920 份学生卷，占比为32.35%，具体分布情况见图 1-2。

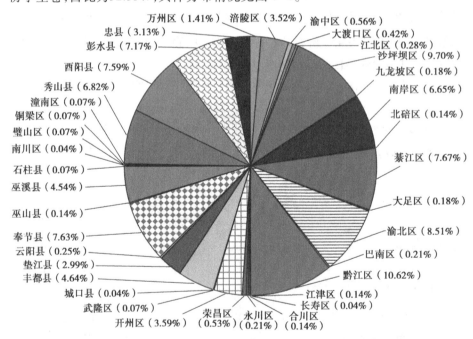

图 1-2 学生卷区县分布结果统计图

（3）国际理解教育现状访谈对象基本情况

重庆市儿童国际理解教育现状访谈对象共计 90 名，包括区县教育主管部门、中小学校的管理者,以及中小学校教师。访谈对象中区县教育主管部门管理者 8 名,占比为 8.9%;小学管理者 20 名,占比为 22.2%;初级中学管理者 10 名,占比为 11.1%;高级中学管理者 6 名,占比为 6.7%;小学教师 24 名;占比为 26.7%;初级中学教师 14 名,占比为 15.5%,高级中学教师 8 名,占比为 8.9%,具体情况见表 1-5。

表 1-5　国际理解教育现状访谈对象统计表

访谈对象	数量(名)	百分比(%)	访谈对象	数量(名)	百分比(%)
教育主管部门管理者	8	8.9	小学教师	24	26.7
小学管理者	20	22.2	初级中学教师	14	15.5
初级中学管理者	10	11.1	高级中学教师	8	8.9
高级中学管理者	6	6.7%	合计	90	100

(4)问卷信度和效度分析

利用 SPSS 对重庆市儿童国际理解教育教师卷和学生卷分别进行信度分析,通过分析—度量—可靠性分析,选择教师卷和学生卷中调研儿童国际理解教育课程现状的所有指标项,采用 Alpha 模型进行分析,得出结果见表 1-6。教师卷中课程现状的 Alpha 系数为 0.853,学生卷的 Alpha 系数为0.730,均大于 0.7,代表当前数据的一致性水平较高,证明本研究有较好的信度系数。

表 1-6　重庆市儿童国际理解教育现状教师卷和学生卷信度结果统计表

重庆市儿童国际理解教育现状 (教师卷)可靠性统计			重庆市儿童国际理解教育现状 (学生卷)可靠性统计		
克隆巴赫 Alpha	基于标准化项的 克隆巴赫 Alpha	项数	克隆巴赫 Alpha	基于标准化项的 克隆巴赫 Alpha	项数
0.853	0.849	82	0.730	0.823	69

采用同样的方法通过分析—度量—可靠性分析,选择教师卷中儿童国际理解素养水平的 16 个指标项,采用 Alpha 模型进行分析,得出结果见表1-7。儿童国际理解素养水平的 Alpha 系数为 0.986,大于 0.9,代表当前数据的一致性水平很高,证明本素养水平的研究有很好的信度系数。

表 1-7　重庆市儿童国际理解素养水平可靠性统计

克隆巴赫 Alpha	基于标准化项的克隆巴赫 Alpha	项数
0.986	0.986	16

　　儿童国际理解教育教师卷和学生卷在编制过程中参考了大量国际理解教育相关文献和问卷,在此基础上聘请了教育学和国际理解教育专业专家,会同课题组团队经历了为期 2 个月,近 10 次的研讨、打磨和修改,问卷对国际理解教育课程现状的调研覆盖了从课程目标、课程资源、课程实施、教学环境、师资配备、课程评价、激励保障、政策与培训等多方面,具有较高的覆盖度。此外,利用 SPSS 分析—降维—因子分析对儿童国际理解素养水平进行主成分分析,结果见表 1-8,其 KMO 值为 0.981,代表儿童国际理解素养评价问卷适合进行因子分析。

表 1-8　重庆市儿童国际理解素养因子分析结果统计表

KMO 和巴特利特检验		
KMO 取样适切性量数		0.981
巴特利特球形度检验	近似卡方	35463.636
	自由度	120
	显著性	0.000

2.区域对象

　　为全面客观反映重庆市儿童国际理解教育现状及区域差异,此次调研的区域依据重庆市政府 2014 年发布的《重庆市城乡总体规划(2007—2020 年)》和 2014 年深化成果新闻发布会上提出的"一区两群"城镇空间格局,即由都市功能核心区、都市功能拓展区和城市发展新区构成大都市区;由渝东北生态涵养发展区 11 个区县的城镇,构成以万州为中心城市的渝东北城镇群;由渝东南生态保护发展区 6 个区县的城镇,构成以黔江为中心城市的渝东南城镇群。

　　重庆市大都市区主要包括都市的 9 个行政区和城市发展新区的涪陵区、长寿区、江津区、合川区、永川区、南川区、綦江区、大足区、铜梁区、璧山区、潼南区、荣昌区及万盛、双桥经开区;渝东北城镇群主要包括万州区、梁平区、城口县、丰都县、垫江县、忠县、开州区、云阳县、奉节县、巫山县、巫溪县等 11 个区县城镇;渝东南城镇群主要包括黔江区、武隆区、石柱县、秀山县、酉阳县、彭水县等6个区县(自治县)城镇。

为确保调研样本和数据分布合理,调研区县及抽样数量见表1-9。

表1-9 重庆市中小学教师卷和学生卷区域分布统计表

区域名称	教师卷问卷数(份)	占比(%)	区域名称	学生卷问卷数(份)	占比(%)
都市区	484	33.6	都市区	1118	39.3
渝东北城镇区	453	31.4	渝东北城镇区	806	28.3
渝东南城镇区	504	35	渝东南城镇区	920	32.3

(三)调研内容与设计

1.问卷内容与设计

国际理解教育是立足本国,培养学生作为全球、国家、社会、自然一员的责任感,通过教育使学生拥有全球胸怀,为世界之和平作出贡献,同时在纷繁复杂的世界局势中维系自己稳定的价值体系,培养对自身传统文化的认同感和对世界文化的包容态度。本研究通过学生卷和教师卷对中小学国际理解教育开展现状进行调查(附录1)。学生卷共24道题目,包括客观题目和主观题目,主要从学生的基本信息、学校国际理解教育课程和活动开展现状、问题与建议等三个维度进行调查与分析,题目维度见表1-10。教师卷共44道题目,包括客观题目和主观题目,主要从教师的基本信息、学校国际理解教育课程和活动开展现状、学生国际理解素养现状等三个维度进行调查与分析,题目维度见表1-11。

表1-10 中小学生国际理解教育问卷维度

一级维度	二级维度	具体内容	题目数量(题)
基本信息		性别、学段、年级、民族、学校区域、类型、父母学历、海外经历	8
学校国际理解教育开展现状	课程实施	内容、接触时段、频次、师资、地点、教材、形式、兴趣倾向	8
	课程效果	态度、满意度、学习效果、行为	5
问题与建议		存在问题、开放性题目(偏好、建议)	3
合计			24

表 1-11　中小学教师国际理解教育问卷维度

一级维度	二级维度	具体内容	题目数量（题）
基本信息		性别、年龄、学校区域、类型、教龄、任教年级、科目、专业类别、是否有专业基础、海外经历	10
学校国际理解教育开展现状	课程实施	内容、方案、研讨、课题、培训、资源开发、外籍学生、教材、频次、师资、形式、评价	12
	态度与建议	个人理解、课程目标、素养、倾向授课方式、存在困难、开放性问题	6
学生国际理解素养现状	探索世界		4
	认识观点		5
	交流想法		4
	采取行动		3
合计			44

　　教师评价学生国际理解教育素养参照了美国中小学国际理解教育目标与基本内容（全球胜任力模型）。美国中小学国际理解教育的目标就是培养具备全球胜任力的世界公民，即指"可以应用于世界的 21 世纪技能"，具体内容见表 1-12。

表 1-12　以全球胜任力为核心的美国中小学国际理解教育目标

探索世界：学生对当前环境之外的世界进行调查	确定事件，形成问题，解释当地、区域或全球焦点问题的意义
	使用各种语言以及国内外资源和媒体来确定和权衡相关证据，以解决一个具有全球意义的可研究问题
	分析、整合和综合收集到的证据，以构建对全球意义问题的清晰回答
	以令人信服的证据为基础展开讨论并得出确切结论
认识观点：学生认识自己和他人的观点	认识和表达自己对问题或现象的看法，确定观点影响因素
	审视他人、团体、流派的观点，厘清观点影响因素
	解释文化互动如何影响情境、事件、问题或现象，包括知识的发展

续表

交流想法:通过在不同文化之间进行公开、适当和有效的互动,与不同的受众有效地交流自己的想法	认识并表达不同的受众对同一信息的解读不同,这会影响沟通的效果
	使用恰当的口头或非言语行为、语言策略,倾听并进行有效沟通
	选择并使用适当的技术媒介与不同的受众进行沟通交流
	思考在这个相互依存的世界中有效的沟通是如何影响理解与合作的
采取行动:学生们将他们的想法和发现付诸合适行动以改进现状	确定并创造个人或协作行动的机会,以改善条件的方式处理各类情况、问题或现象
	根据证据和影响潜力评估备选方案和计划行动,同时考虑到以往的做法、不同的观点和潜在的后果
	以符合创造性和伦理性的个人或合作的方式为地方、区域或全球治理改进现状,并评估所采取行动的影响
	反思他们倡导和促进地方、区域或全球改进的能力

2.访谈内容与设计

本研究通过对重庆市区县教育主管部门的管理者、中小学管理者以及中小学教师分别访谈搜集资料(附录2),本访谈提纲将从教育规划、政策保障、实施过程、问题与建议等方面对重庆市部分区县教育主管部门管理者推进国际理解教育工作的情况进行深度访谈(表1-13);从理念层面、引入途径、过程管理、外界保障、问题与建议等方面对重庆市部分中小学学校管理者开展国际理解教育工作的情况进行深度访谈(表1-14);从引入途径、开展过程、师资培养、问题与建议等方面对重庆市部分中小学学校教师开展国际理解教育的情况进行深度访谈(表1-15)。

表1-13　对区县教育主管部门管理者的访谈维度

访谈维度	题目数量(题)
教育规划	1
政策保障	1
实施过程	1
问题与建议	2

表 1-14　对中小学学校管理者的访谈维度

访谈维度	具体内容	题目数量（题）
理念层面（必要性）	目的、认识	1
引入途径	时间、方式	1
过程管理	对人、财、物的管理	6
外界保障	对人、财、物的保障	2
问题与建议	存在的问题、建议	2

表 1-15　对中小学学校教师的访谈维度

访谈维度	具体内容	题目数量（题）
引入途径	时间、方式	2
开展过程	目的、形式、内容、评价方式	7
师资培养	学习、培训、课题	2
问题与建议	存在的问题、建议	1

四、调研方法

以往的研究主要采用质性的研究方法，例如文献法、历时研究法、案例分析法、访谈法和文本分析法对儿童国际理解教育进行研究。罗佳采用文献法和内容分析法等质性研究方法探究了国际理解教育，参照 2008 年成都市武侯区推进基础教育国际化的实践，结合其他学者对国际理解教育内容的分类情况，确定了论文的分析框架。同时又利用内容分析法对国外文学作品本身的分析、国际理解教育内容的主题式呈现与分析、选文的时代性分析以及对教材中支持性内容的分析四个角度探究了教材中涉及的国际理解教育内容[1]。周汶霏采用历时研究法和案例分析法研究了国际理解教育在孔子学院

---

[1]　罗佳.小学语文教材中的国际理解教育内容研究：以人教版教材为例[D].武汉：华中师范大学，2015.

的实践探索①。杨雷通过走访 18 所成都市的中小学,对学校的教师和学生进行非结构访谈,了解教师和学生对国际理解教育的认识程度、教师对国际理解教育的了解程度、学校开展国际理解教育的路径以及实施现状。他还通过文本分析法对这 18 所学校迎接国际化窗口学校评估检查的汇报材料进行分析,从而对成都市国际理解教育实施现状做了更加深入的研究②。

近年来,研究者开始采用质性和量化研究相结合的方式探究国际理解教育。胡亚美采用了文献法和调查法探究小学生的国际理解教育情况,采用了文献法探究国际理解教育的概念、思想渊源以及我国小学国际理解教育实施现状的前期研究情况,又用问卷调查法对小学中高段学生国际理解教育现状和小学教师国际理解教育现状开展调查③。柴悦采用问卷调查法和访谈法对小学阶段的国际理解教育进行了探索,试图通过调查问卷对小学国际理解教育开展现状调查,其问卷包括客观题目和主观题目,对 376 名小学生从学校国际理解教育课程开展现状、学校国际理解教育活动开展现状、学生对学校国际理解教育的态度和评价、学生的国际理解素养现状四个维度进行调查和分析,同时还采用访谈法对三所小学的 15 位教师和 3 位校长进行了访谈,从教师授课角度以及学校规划角度对小学国际理解教育现状进行了梳理和分析④。

总体上看,已有研究采用了不同的研究方法探讨国际理解教育,得出了相应的结论,其中的许多方法和研究工具的研制可以为我们所借鉴,但是以往研究中大多采用质性的研究方法,从学理逻辑层面对国际理解教育的缘起、价值、理论基础等进行了分析和解读,对国际理解教育开展现状的量化研究比较少,或者量化研究的样本和范围较为局限。本研究吸取以往研究中好的方法,再结合本研究的具体研究目的,采用了以下几种研究方法:

(一)文献法

文献法是对文献进行查阅、分析、整理从而找出事物本质属性的一种研究方法。课题组通过对儿童国际理解教育的缘起与发展,包括国际理解教育的理

① 周汶霏.孔子学院:国际理解教育的实践研究[D].济南:山东大学,2015.
② 杨雷.国际理解教育现状、问题及对策研究:以成都市中小学为例[D].成都:四川师范大学,2020.
③ 胡亚美.小学中高段学生国际理解教育现状的调查研究[D].天津:天津师范大学,2019.
④ 柴悦.小学国际理解教育现状调查研究:以天津市 H 区三所小学为例[D].天津:天津师范大学,2020.

念缘起、内涵目标、实施情况,以及重庆市儿童国际理解教育的现状进行了前期综述,从而梳理出有助于本课题研究开展的理论依据和前期基础。

(二)问卷调查法

问卷调查法是为了达到预设的目的,制定某一计划再收集研究对象的材料,并作出分析、综合,得到结论的研究方法。常用的调查法有查阅资料、谈话调查、调查表法和问卷调查等。本研究主要是以问卷调查进行的,问卷由基本信息和问题组成,问题部分采用"先赋值、后统计、再分析"的过程。课题组设计了关于国际理解教育的教师卷和学生卷,多层次多角度对重庆市中小学开展国际理解教育的现状、效果及问题作出量化的调查和分析。

(三)半结构性访谈法

访谈法是访问者通过口头交谈等方式直接向被访问者了解社会情况或探讨社会问题的调查方法,可以分为结构性访谈、非结构性访谈和半结构性访谈。本研究采用半结构性访谈法,在有访谈提纲的前提下,随机选择了"一区两群"各四个区的区县教育主管部门管理者、中小学管理者和中小学教师作为访谈对象,了解他们对国际理解教育的认识程度。围绕教师对国际理解教育的了解程度、学校开展国际理解教育的路径及实施现状展开访谈。

(四)文本分析法

文本分析法是对课题组收集到的资料进行筛选、整理、归类、总结的研究方法,许多研究者把它看作质性研究的一种,总的来说,文本分析法能够系统地对文本进行有效的分析与整合,尤其是在借助相关软件的基础上,将使得分析过程更加快速和高效,分析结果更加具体。课题组对重庆市国际理解教育实施现状进行分析时,选用了文本分析法对所选对象的访谈材料进行分析,结合前面的问卷调查数据,试图从量化和质性两个角度对重庆市中小学国际理解教育的开展情况作出科学的判断和结论。

第二章　重庆市儿童国际理解教育现状调研

一、重庆市儿童国际理解教育理念认知现状

（一）教师专业背景与出国经历

教师的专业背景与教育经历会影响教师的社会价值观和行为方式。调研发现 1441 名教师中 76.06%（1096 人）的教师专业隶属于教育学大类专业；属于哲学、经济学、法学、历史学、管理学、艺术学等学科专业的教师仅占 4.3%，由此可见大部分教师不具备国际理解教育专业背景，国际理解专业出身的教师非常少。其中，有 60.79%（876 人）的教师在求学期间没有学习过有关国际理解教育的知识，仅有 39.21%（565 人）的教师求学期间了解过有关国际理解教育模块的相关知识；且有 81.68%（1177 人）的中小学教师没有出国背景，剩余的 264 名教师中有 208 名教师出国旅游过；出国求学和工作的老师仅有 113 人，不到10%。具体将学校所在区县与教师出国经历进行交叉分析得出表 2-1 所得数据，从中可以看出，区域分布上大部分重庆市区县的教师都没有出国经历，而主城区的教师有出国求学经历的主要集中在渝中区、沙坪坝区和南岸区。由此可见重庆市中小学教师大部分为教育学背景出身，出国经历比较少，对国际理解教育缺乏较为系统的专业学习和了解。

表 2-1　教师出国背景与学校区域的交叉分析表

单位：人

X/Y	A.出国求学	B.出国工作	C.出国旅游	D.出国其他	E.没有出过国	小计
万州区	2(11.11%)	3(16.67%)	2(11.11%)	0	13(72.22%)	18
涪陵区	1(1.45%)	1(1.45%)	10(14.49%)	2(2.90%)	57(82.61%)	69

续表

X/Y	A.出国求学	B.出国工作	C.出国旅游	D.出国其他	E.没有出过国	小计
渝中区	6(60%)	2(20%)	2(20%)	1(10%)	3(30%)	10
大渡口区	1(33.33%)	1(33.33%)	2(66.67%)	0	1(33.33%)	3
江北区	1(25%)	1(25%)	0	0	2(50%)	4
沙坪坝区	5(4.31%)	1(0.86%)	54(46.55%)	0	59(50.86%)	116
九龙坡区	1(50%)	0	0	0	1(50%)	2
南岸区	6(4.96%)	4(3.31%)	7(5.79%)	0	109(90.08%)	121
北碚区	0	0	3(100%)	0	0	3
綦江区	10(12.05%)	7(8.43%)	19(22.89%)	2(2.41%)	58(69.88%)	83
渝北区	1(1.72%)	3(5.17%)	26(44.83%)	1(1.72%)	29(50%)	58
巴南区	0	0	0	0	3(100%)	3
黔江区	5(4.46%)	5(4.46%)	13(11.61%)	0	95(84.82%)	112
长寿区	1(25%)	0	0	0	3(75%)	4
江津区	0	0	0	0	1(100%)	1
永川区	1(25%)	0	0	0	3(75%)	4
铜梁区	0	0	0	0	1(100%)	1
潼南区	0	0	0	0	1(100%)	1
荣昌区	0	0	0	0	1(100%)	1
开州区	0	0	0	0	76(100%)	76
丰都县	3(4.11%)	2(2.74%)	8(10.96%)	0	63(86.30%)	73
垫江县	1(2.22%)	0	6(13.33%)	0	38(84.44%)	45
云阳县	0	0	0	0	1(100%)	1
奉节县	8(7.48%)	3(2.80%)	18(16.82%)	3(2.80%)	85(79.44%)	107
巫山县	0	0	0	0	3(100%)	3
巫溪县	3(3.49%)	3(3.49%)	8(9.30%)	0	75(87.21%)	86

续表

X/Y	A.出国求学	B.出国工作	C.出国旅游	D.出国其他	E.没有出过国	小计
石柱县	0	0	0	0	0	0
秀山县	3(2.36%)	0	7(5.51%)	0	117(92.13%)	127
酉阳县	3(2.10%)	3(2.10%)	5(3.50%)	0	135(94.41%)	143
彭水县	2(1.64%)	5(4.10%)	11(9.02%)	1(0.82%)	110(90.16%)	122
忠县	2(4.55%)	3(6.82%)	7(15.91%)	0	34(77.27%)	44

（二）教师对国际理解教育概念的认识

调研发现教师对国际理解教育的认识主要聚焦于与"国际"有关的所有教育内容,多从字面定义理解,认为国际理解教育就是教育国际化背景下产生的教育理念(占比为56.56%);认为国际理解教育就是培养学生人类命运共同体意识、培养学生国际竞争力、培养学生的全球胜任力和公民素养、帮助学生建立文化自信和学习西方发达国家文化的教育的教师占比差不多,均在32%~41%。有16.38%(236人)的教师表示自己对国际理解教育的概念尚不清楚。进一步将学校类型与教师对国际理解教育的理解进行交叉分析发现:省市重点小学、省市普通中小学、区县重点中小学、区县普通中小学对国际理解教育的认识高于乡镇中心校和农村中小学。且在对国际理解教育概念不清楚的236名教师群体中,农村中小学和乡镇完全小学的教师占到了近50%。这说明教师对国际理解教育的认识与学校的区域位置和发展水平有关。具体结果见表2-2。

（三）教师对国际理解教育目标的认识

关于中小学开展国际理解教育课程目标的多项选择题调研发现,1441名教师中有1048名教师(占比为72.73%)认为国际理解教育课程应重视文化多样性,956名教师(占比为66.34%)认为应增进文化理解,923名教师(占比为64.05%)认为应促进文化认同与尊重,761名教师(占比为52.81%)认为应侧重于让学生比较中外文化差异,658名教师(占比为45.66%)认为应建构行为共生策略,结果见图2-1。共生原本属于生物学的概念,指两种不同的生物生活在一起,相依生存,对彼此都有利,形成的一种和谐稳定的关系。此外,有9名教师

表2-2 教师对国际理解教育概念的理解与学校类型交叉分析表

单位:人

X/Y	A.国际理解教育就是国际化背景下产生的教育理念(包括与"国际"有关的所有教育内容)	B.国际理解教育就是学习西方发达国家文化的教育	C.国际理解教育就是培养学生国际竞争力的教育	D.国际理解教育就是培养学生人类命运意识同体意识的教育	E.国际理解教育培养学生的全球胜任力和公民素养的教育	F.国际理解教育就是帮助学生建立文化自信的教育	G.感觉自己对国际理解教育概念尚不清楚	小计
A.省市重点中小学	106(62.72%)	64(37.87%)	86(50.89%)	66(39.05%)	58(34.32%)	58(34.32%)	16(9.47%)	169
B.省市普通中小学	90(72%)	40(32%)	48(38.4%)	63(50.4%)	63(50.4%)	48(38.4%)	11(8.8%)	125
C.区县普通中小学	224(58.64%)	109(28.53%)	137(35.86%)	173(45.29%)	142(37.17%)	132(34.55%)	61(15.97%)	382
D.区县重点中小学	186(55.69%)	127(38.02%)	131(39.22%)	142(42.51%)	114(34.13%)	126(37.72%)	39(11.68%)	334
E.乡镇完全小学/乡镇九年一贯制学校	103(52.28%)	63(31.98%)	59(29.95%)	81(41.12%)	60(30.46%)	66(33.50%)	45(22.84%)	197
F.农村中小学	106(45.30%)	59(25.21%)	70(29.91%)	70(29.91%)	60(25.64%)	62(26.50%)	64(27.35%)	234
总体分析	56.56%	32.06%	36.85%	41.29%	34.49%	34.14%	16.38%	1441

（占比为 0.62%）对国际理解教育课程目标表示"不知道",分类统计发现这部分教师主要是教龄在 1~3 年的新教师,没有出国经历且在求学期间没有接受过国际理解教育相关的学习,学校类型属于农村小学,学校没有开设国际理解教育相关活动,且对国际理解教育概念不清楚,因此导致其对国际理解教育的培养目标不清晰。

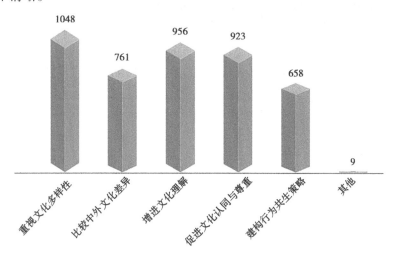

图 2-1　教师对国际理解教育目标的认识（单位:人）

进一步将教师对国际理解教育目标的认识与教师性别、教师年龄、学校类型及教师教龄进行交叉分析发现,省市城区学校更加重视文化多样性、构建行为共生策略及促进文化认同与尊重,而区县学校侧重于比较中外文化差异及增进文化理解,具体结果见表 2-3。

表 2-3　教师对国际理解教育目标的认识与学校类型交叉分析表

单位:人

X/Y	A.重视文化多样性	B.比较中外文化差异	C.增进文化理解	D.促进文化认同与尊重	E.构建行为共生策略	F.其他	小计
A.省市重点中小学	131（77.51%）	95（56.21%）	111（65.68%）	109（64.50%）	68（40.24%）	0	169
B.省市普通中小学	101（80.8%）	59（47.2%）	93（74.4%）	91（72.8%）	64（51.2%）	0	125

续表

X/Y	A.重视文化多样性	B.比较中外文化差异	C.增进文化理解	D.促进文化认同与尊重	E.构建行为共生策略	F.其他	小计
C.区县普通中小学	283（74.08%）	208（54.45%）	259（67.80%）	244（63.87%）	175（45.81%）	1（0.26%）	382
D.区县重点中小学	235（70.36%）	188（56.29%）	235（70.36%）	229（68.56%）	170（50.90%）	1（0.30%）	334
E.乡镇完全小学/乡镇九年一贯制学校	130（65.99%）	100（50.76%）	123（62.44%）	124（62.94%）	87（44.16%）	2（1.02%）	197
F.农村中小学	168（71.79%）	111（47.44%）	135（57.69%）	126（53.85%）	94（40.17%）	5（2.14%）	234

访谈组也了解到大部分接受访谈的教师对国际理解教育的概念尚不清楚,有部分教师表示第一次听说"国际理解教育"这一概念,少部分校长在中小学校长培训中听说过此概念但了解程度不深。但在提到对国际理解教育课程重要性的时候,大部分教师都表示很支持国际理解教育课程的开展,认为国际理解教育一方面可以加强学生传统文化教育,加强民族认同感,增强文化自信;另一方面能够提升学生的国际视野,提升学生的格局,培养他们看待世界的眼光。

现有的调研结果表明,当前重庆市中小学教师对国际理解教育的理念认知较为多元和多样,能够宏观上把握国际理解教育的目标,但也从侧面反映了教师们对国际理解教育的认识并不统一,对国际理解教育课程目标缺乏微观的清晰的建构。

二、重庆市儿童国际理解教育课程实施现状

（一）国际理解教育课程内容情况

调研发现,目前重庆市国际理解教育课程/活动的内容较为多元,主要侧重于语言交流和开拓视野。其中教师卷 1441 份样本中,国际理解教育活动主要侧重于开展语言交流活动(46.01%)(如英语角、汉语角等),庆祝国际节日、纪念日(33.8%),开展与国际文化、全球问题相关的主题班会(33.73%),没有开展国际理解教育相关活动的占 10.2%。国际理解教育课程培养目标侧重于文化多样性、文化理解和文化认同的培养。学生卷 2844 份样本中,国际理解教育活动主要侧重于开展语言交流活动(如英语角、汉语角等)占比为 34%,开设国际理解教育课程(如全球性事务、世界多元文化、中国与世界的联系等)占比为31%,开展与国际文化、全球问题相关的主题班会占比为 26%,其余如邀请外国人来校交流、在线与其他国家学生开展交流、向外国小朋友介绍中国节日、设置出国交流项目的占比为 15%~19%,具体结果见图 2-2。相比较而言,学生是课程活动体验的主体,而教师是设计者和实施者,从体验者的角度来看学生认为暂时没有开展国际理解教育活动和设置有独立的国际理解教育课程的比例均高于教师;从实施者的角度来看,选项 B 到选项 G 的国际理解教育活动,教师比

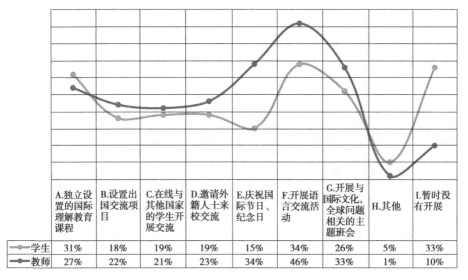

	A.独立设置的国际理解教育课程	B.设置出国交流项目	C.在线与其他国家的学生开展交流	D.邀请外籍人士来校交流	E.庆祝国际节日、纪念日	F.开展语言交流活动	G.开展与国际文化、全球问题相关的主题班会	H.其他	I.暂时没有开展
学生	31%	18%	19%	19%	15%	34%	26%	5%	33%
教师	27%	22%	21%	23%	34%	46%	33%	1%	10%

图 2-2　学校开展的国际理解教育课程/活动内容统计图

例均高于学生。

　　进一步从教师角度将国际理解教育活动内容与学校类型进行交叉分析发现,区县普通中小学和区县重点中小学的国际理解教育活动主要集中在开展语言交流活动、庆祝国际节日和开展主题班会,也有接近100所学校独立设置了国际理解教育课程;省市重点中小学除开展英语角等交流活动外,设置出国交流项目和要求外籍人士来校交流、独立设置国际理解教育课程的比例也比较高,具体内容见图2-3。访谈内容分析也发现有部分学校虽然没有开设专门的国际理解教育课程,但在学校特色校本课程的设计实施中,均有渗透国际理解教育的相关主题内容,如某学校校长在接受访谈时提到其学校设置了七彩校本课程,首先是国家课程如语文、英语、道德与法治、美术、音乐、信息技术等课程中渗透国际理解教育;其次是学校活动课程,如主题校会、相关节日课程及班队会等也有渗透相关的内容;另外学校的英语节活动、研学课程等也都设置了相关的情境体验学习内容;学校还设置了七彩俱乐部,让学生在语言类的、思维类的、体育艺术类等课程和课后服务中了解和学习传统文化、国际节日、社会热点等内容。

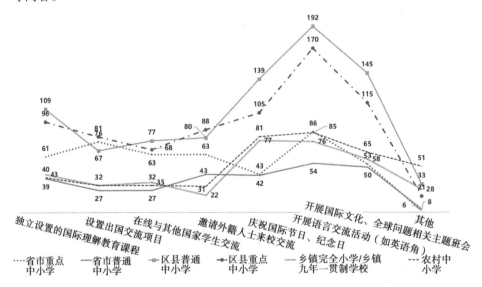

图2-3　国际理解教育活动内容与学校类型交叉分析统计图(单位:份)

（二）国际理解教育课程频次情况

　　调研发现目前重庆市专门开设国际理解教育课程的学校占比为52.25%,

具体的开课频次不一,每周开设 5 节或更多的学校占 3.85%,每周开设 2~4 节的学校占 10.30%,每周开设 1 节的学校占 17.55%,每月开设 1~2 节的学校占 20.50%。调研发现这一类开课频率偏少的学校有可能主要是以月度主题活动或特色课程的形式开展,具体学生卷、教师卷及总体百分比分布情况见图 2-4。进一步分析学生参加国际理解教育课程/活动的年级发现,9.28% 的学生从一、二年级开始参加,16.63% 的学生从三、四年级开始参加,10.83% 的学生从五、六年级开始参加,18.6% 的学生从初中开始参加相关课程,7.1% 的学生从高中才开始参加,而有 37.55%(1068 人)的学生没有参加过国际理解教育课程,这部分学生样本的学段主要是小学(577 人),其次也有初中(204 人)和高中(287 人)学生,其爸爸妈妈大多没有出国经历。在开展访谈过程中也了解到,有学校通过每周一次的少年队活动来开展国际理解教育活动渗透,也有学校通过专门的阅读课程,由教研组长和主任遴选一些我国经典的诗歌朗诵来渗透国际理解教育内容。由此可见,目前重庆市专门开设国际理解教育课程的学校占比还有待提高,且开课频率也应由月度课程向周课时增加,尽可能从小学初级阶段就开始普及国际理解教育课程,以便于尽早培养学生的"国际观"。

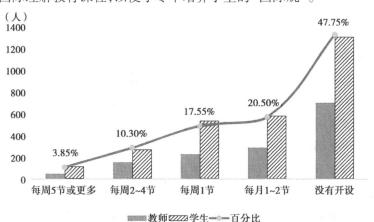

图 2-4　国际理解教育课程开设频次统计图

(三)国际理解教育课程师资情况

调研发现,目前重庆市国际理解教育课程/活动主要由班主任和其他科任课教师担任教学,学科教师侧重于英语老师、语文老师、品德/德育/政治老师。有关"你的国际理解教育课程/活动由谁来教"的问题,学生卷数据显示

(图 2-5),主要由英语、语文、德育/政治老师担任,占比分别为 41.95%、37.03%、27%,其次是由科学/信息技术老师或数学老师来担任,占比约为 15%;也有低于 10% 的学生表示历史、地理、美术、音乐、体育、生物、化学、物理等学科老师也会开展"国际理解"相关的教学内容,由此可见从学科角度来看,国际理解教育课程/活动的任课教师尚缺少专门、专职的师资队伍来开展教学,学科分布较为零散和多样。

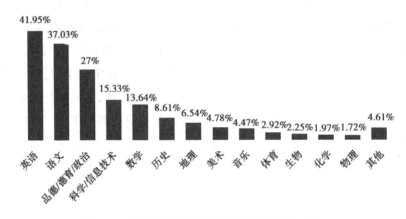

图 2-5 国际理解教育课程教师的学科分布图

教师卷数据显示,学校国际理解教育课程由班主任执教的占比为 44.14%,其他科任教师代课占比为 41.57%,其次由校内专职教师任教的占比为 27.62%,也有 16.38% 和 14.09% 的学校聘请校外教师和外籍教师任课。进一步将任教教师与学校类型交叉分析(图 2-6)发现,省市重点中小学聘请外籍教师任课的占比最高,为 31.95%,其次是省市普通中小学和区县重点学校;班主任代课的情况在农村中小学要比区县和省市中小学更加普遍,在农村中小学有近 50% 的学校是由班主任对学生开展国际理解教育,比省市重点中小学的比例高 20%;此外,由校内专职教师任教的比例,重点中小学要高于普通中小学,省市区学校国际理解教育课程专职教师的比例要高于区县、乡镇和农村学校。同时,在调研"学校的国际理解教育课程是否有外籍学生参与"的问题中,有外籍学生参与的学校占 32.8%,其中通过线下方式参加课程或活动的比例为 10.3%,67.2% 的学校国际理解教育活动没有外籍学生参与;且选择"没有外籍学生参与"选项的教师所在学校类型从省市重点中小学向农村中小学依次递增,而选择"有,线上参与"和"有,线下参与"的教师其学校类型从省市重点中小学向农村中小学依次递减。由此可见,国际理解教育课程师资的分布情况及外籍学生的参与情况和教师所在的学校类型之间存在较为紧密的相关性。

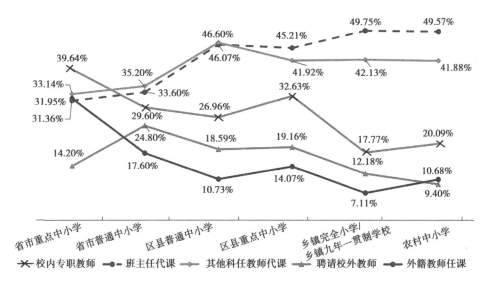

图2-6　国际理解教育课程师资与学校类型交叉分析图

(四)国际理解教育课程实施方式

调研发现国际理解教育课程实施主要以校园文化活动、主题活动组织和学科教学渗透的方式展开,占比约为50%(表2-4),此外还有通过文化交流活动(39.35%)和开发校本课程(26.86%)的方式培养学生的国际理解。已有研究结果表明,中小学国际理解教育课程主要的实施方式有三种:一是融入式,即把国际理解教育内容融入和渗透到普通课程中;二是单元式,即在某单科课程中单独设计国际理解教育的特别单元;三是综合主题课程,即先确定某些内容比较宽泛的国际理解相关主题,再根据主题组织课程内容和设计单元①。在访谈过程中也了解到大部分学校管理者表示自己学校设有和国际理解教育相关的主题活动和班队活动,如"国旗日""少先队活动""二十四节气""民族文化节日"等,通过在特色主题中融入国际理解教育,引导学生在认同中国文化的基础上,逐步形成对不同国家和地区文化的客观认识与理解,促进学生形成正确的世界观、价值观和科学的思维方式。

---

① 余新.访谈美国全球教育专家肯尼斯-泰博士[J].比较教育研究,2004,26(7):88-90.

表 2-4　国际理解教育课程实施方式统计表

教师卷国际理解教育课程/活动实施方式			学生卷国际理解教育课程/活动开展形式		
选项	小计(人)	比例(%)	选项	小计(人)	比例(%)
C.校园文化活动	741	51.42	A.听老师讲课	1703	59.88
B.主题活动组织	716	49.69	B.观看视频	1534	53.94
A.学科教学渗透	709	49.20	C.小组活动	920	32.35
E.文化交流活动	567	39.35	D.参与体验	713	25.07
D.开发校本课程	387	26.86	E.探究学习	640	22.50
F.其他	59	4.09	F.校外参观	469	16.49

　　进一步从学生角度对教师的授课形式调研发现(表 2-4),剔除掉没有参加国际理解教育课程的同学,听老师讲课和观看视频是目前国际理解教育课程的主要形式,占比分别约为 60%和 54%;此外通过小组活动、参与体验和探究学习的方式开展国际理解教育的比例约占到了 30%。而采用"校外参观"方式开展教学的比例约为 16%,占比较少。这一现象也说明当前国际理解教育的开展方式和形式还需进一步改革和丰富,国际理解的内容是丰富的、多元的,重在感知和体悟,不同主题和内容的传播方式不同,不同传播方式其开展形式也是多样的,所以应当进一步丰富和拓展国际理解教育的授课方式,增加更多课外/校外体验式、探究式、交流式、游戏化的教育形式。

　　(五)国际理解教育课程授课环境

　　国际理解教育课程与活动的开展必须依托于一定的教学环境,在对学生有关"国际理解教育课程主要在哪里进行"的调研发现(图 2-7),本班教室是最主要的教学场所(53.3%),其次是通过专门的活动室、学校礼堂和操场进行教学,通过校外其他场所开展教学的比例仅为 15.6%,相对偏少。国际理解教育课程是开展国际理解教育的重要途径和形式,是依据学校自身资源融入国际理解教育理念,满足本校学生学习需求的一切形式的持续而动态的课程开发活动,结合国际理解教育的实施方式和开展形式可以看出,其适应的教学环境是多样化的,特别是新时代背景下,培养具有家国情怀、国际视野以及人类命运共同体意识的,德智体美劳全面发展的社会主义建设者和接班人,更应让学生有深厚的知识、丰富的阅历、多样的体验,因此构建"校内+校外、个性+开放"的国际理解教育教学环境是非常有必要的。

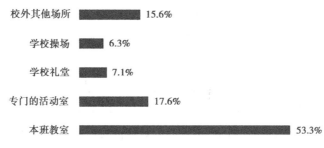

图 2-7 国际理解教育课程实施环境分布图

(六)国际理解教育课程资源建设

教学资源是国际理解教育课程开展的基石,调研发现当前国际理解教育课程资源研发主要集中在微课资源的建设,戏剧、绘本资源的研发不足,教材配备不足,近70%的学生没有教材。教师卷和学生卷国际理解教育课程教材配备情况的数据显示(图 2-8),没有教材的学生超过60%,学校开发有校本教材的占比为20%,有统一教材的占比为12%,但这并不代表学校有教材学生就人手有教材,2844名学生中每个学生都有教材的占比仅为8%,教材资源的配备远远不够。

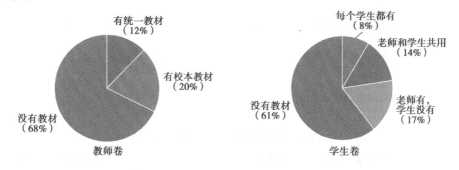

图 2-8 国际理解教育课程教材资源配备情况

进一步对课程资源研发情况进行分析发现,56.84%的教师参与国际理解教育微课资源的研发,44.41%的教师有参与教材资源研发,这当中大部分参与过国际理解教育校本教材的研发;其次有26.72%和23.25%的教师参与国际理解教育绘本资源和戏剧资源的研发;此外从"其他"选项中发现有1位教师参与特色课程的开发,2位教师参与国际理解教育游戏资源的开发,4位教师参与课件资源研发,有170位教师(占比为11.8%)没有参与过国际理解教育课程资源的研发。

(七)国际理解教育课程评价方式

国际理解教育课程的有效开展离不开科学合理的课程评价。通过对国际理解教育课程/活动的评价方式调研发现(图2-9),国际理解教育课程的评价方式以"测试"居多,其中采用组内互评方式测试的占比为28.7%,课堂测试占比为18.7%,期中/期末测试占15.7%,总体上采用考试方式进行国际理解教育课程评价的比例达63.1%,此外通过学生课堂展示和撰写主题小作文方式评价的比例分别为23.2%和13.8%。值得注意的是,有比较多的教师注意到通过学生和小组间互评的方式开展国际理解教育的评价,也有老师认识到传统的"以考为主"的测试方式只能检查学生的知识掌握情况,不能全面地对学生的技能、态度和价值观进行评价,而选择了创设一定的国际理解教育情境,多给学生充分展现自己的机会,并设置难度较高的小作文方式展开评价,使得国际理解教育课程的评价能够有难度、有梯度、有层次。

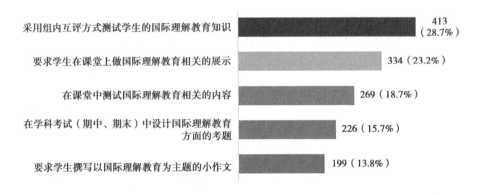

采用组内互评方式测试学生的国际理解教育知识 413(28.7%)
要求学生在课堂上做国际理解教育相关的展示 334(23.2%)
在课堂中测试国际理解教育相关的内容 269(18.7%)
在学科考试(期中、期末)中设计国际理解教育方面的考题 226(15.7%)
要求学生撰写以国际理解教育为主题的小作文 199(13.8%)

图2-9 国际理解教育课程评价方式统计图(单位:人)

进一步将国际理解教育课程的评价方式与学校类型进行交叉分析如表2-5,从中可以看出,在省市重点中小学国际理解教育课程的主要评价方式是学生展示(占比为27.22%),省市普通中小学主要的评价方式是采用组内互评方式测试学生的国际理解教育知识(占比为28.8%),学生组内互评的方式也是区县重点中小学、乡镇小学和农村中小学主要采用的评价方式;在学科考试中设计国际理解教育相关考题的评价方式在不同类型中小学中已不是最主要的评价方式,而要求学生撰写国际理解教育主题小作文的评价方式在乡镇完全小学使用的比率最高,为19.29%。总体来看,考试已不是唯一的评价考核方式,更多学校在尝试采用学生展示、学生互评或作文创作等更具交互性和深度性的评价方式。

表2-5　国际理解教育课程评价方式与学校类型交叉统计表

单位:人

X/Y	A.在学科考试（期中、期末）中设计国际理解教育方面的考题	B.在课堂中测试国际理解教育相关的内容	C.采用组内互评方式测试学生的国际理解教育知识	D.要求学生撰写以国际理解教育为主题的小作文	E.要求学生在课堂上做国际理解教育相关的展示	小计
A.省市重点中小学	33(19.53%)	33(19.53%)	32(18.93%)	25(14.79%)	46(27.22%)	169
B.省市普通中小学	19(15.2%)	25(20%)	36(28.8%)	17(13.6%)	28(22.4%)	125
C.区县普通中小学	51(13.35%)	71(18.59%)	124(32.46%)	43(11.26%)	93(24.35%)	382
D.区县重点中小学	47(14.07%)	60(17.96%)	105(31.44%)	47(14.07%)	75(22.46%)	334
E.乡镇完全小学/乡镇九年一贯制学校	31(15.74%)	32(16.24%)	54(27.41%)	38(19.29%)	42(21.32%)	197
F.农村中小学	45(19.23%)	48(20.51%)	62(26.50%)	29(12.39%)	50(21.37%)	234

结合访谈中对校长和教师有关国际理解教育课程评价方式的访谈内容分析发现,大部分教师倾向于通过问卷或学生评价的方式进行学生国际理解教育课程学习效果的评价,这部分教师认为学生是学习的主体,从学生角度来进行评价会更加客观;其中有一所学校依托德育课程构建了学生的魅力成长课,围绕美丽忠州、魅力中国,一方面让学生了解当地的民俗文化和传统,另一方面培养学生的爱国热情,根植学生的家国情怀,每学期末会设有魅力评价课,并邀请家长参加,通过学生自评、家长评价、学生互评、教师评价等方式综合开展评价。此外,有部分老师建议可以通过督导听评课方式来对国际理解教育课程的教学效果进行评价,这样更有利于国际理解教育落到实处,通过评价教师授课效果来整体改进教学质量。同时,在调研和访谈中发现对国际理解教育课程的评价指标目前还处于空白,这会是今后国际理解教育课程优化过程中非常重要的任务。

三、重庆市儿童国际理解教育实施成效现状

(一)课程满意度评价

通过对"你希望有更多的国际理解教育课程/活动吗"与"你对现在的国际理解教育课程/活动满意吗"两方面期望度和满意度的调研发现,学生希望开设国际理解教育课程/活动的得分为 3.79 分,而学生对现在课程的满意度得分为2.76 分,这表明学生很愿意和期待参加国际理解教育课程/活动,但对目前课程的满意度评价较为一般。其中,表示比较希望和很希望开设国际理解教育课程的学生占比为 61.25%,而对课程开设效果比较满意和很满意的比例仅为38.4%,不足 50%;而对课程实施效果不太满意和很不满意的比例为 24.26%,满意度一般的占比为 37.34%,这说明当前国际理解教育课程的满意度还有待进一步提升。

根据调查结果,进一步对学生国际理解教育课程满意度和希望开设更多的国际理解教育课程或活动的意愿做交叉分析(表 2-6),发现对开设课程较满意的学生很希望开设更多的课程,其平均分为 4.465,而对开设课程不满意的学生,希望开设更多国际理解教育课程的意愿平均分仅为 3.115。这说明学生对课程的满意程度与是否希望开设更多的国际理解教育课程成正相关,从图2-10交叉分析雷达图中更能够明确地看出学生满意度和对课程的期待度之间存在显著的相关性。学生的个人经历、个人需求和课程理解能力不同,可能导致学

生对课程的满意程度不一样,从而影响学生对更多课程的期待。

表 2-6 国际理解教育课程满意度和学生希望之间的交叉分析表

单位:人

X/Y	A.很希望	B.比较希望	C.一般	D.没感觉	E.一点不需要	小计	平均分(分)
A.非常满意	568（91.47%）	28（4.51%）	6（0.97%）	6（0.97%）	13（2.09%）	621（21.84%）	4.82
B.较为满意	152（32.27%）	258（54.78%）	35（7.43%）	15（3.18%）	11（2.34%）	471（16.56%）	4.11
C.一般	222（20.90%）	185（17.42%）	556（52.35%）	75（7.06%）	24（2.26%）	1062（37.34%）	3.48
D.不太满意	130（35.81%）	60（16.53%）	38（10.47%）	114（31.40%）	21（5.79%）	363（12.76%）	3.45
E.非常不满意	122（37.31%）	17（5.20%）	17（5.20%）	8（2.45%）	163（49.85%）	327（11.5%）	2.78
小计	1194（41.98%）	548（19.27%）	652（22.93%）	218（7.67%）	232（8.16%）	2844（100%）	

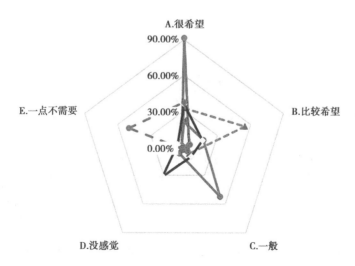

图 2-10 学生对国际理解教育课程满意度与期待度交叉分析雷达图

（二）目标达成度评价

通过学生对国际理解教育课程的理解程度及"学生在课程中学到什么"来调研国际理解教育课程在培养学生国际视野、包容胸怀、价值认同、沟通交流、公民责任等方面的目标达成情况。调研发现学生对现有的国际理解教育课程/活动的理解不够深入，知识内化主要聚焦于对探索世界和认识观点的层面，如对人类文明和世界发展的认识，世界面临的全球性挑战的了解等，对懂得以国际视角看待国际问题，关注和处理国际关系方面的能力较为薄弱。

调研数据显示，32.95%的学生表示对国际理解教育内容有些能理解，有些太深奥不能理解；26.86%的学生表示国际理解教育内容离自己太遥远，不能理解；22.75%的学生表示都能理解并可以提出自己的看法；17.44%的学生表示老师讲的都能理解但没有自己的看法。进一步将学生对课程的理解程度与学生学段进行交叉分析结果见图 2-11，从图中可以明显看出，在选择国际理解教育课程"离自己太遥远，不能理解"的学生中，小学生的占比明显高于初中和高中学生，这说明在编排和设定国际理解教育课程内容时，应当以学生为中心，充分考量学生的学情基础，设计符合学生认知发展规律和学情条件的课程内容，避免"拿来主义"或一概而论。

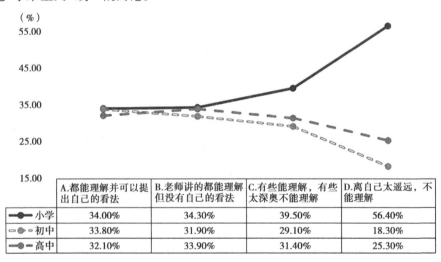

（%）

	A.都能理解并可以提出自己的看法	B.老师讲的都能理解但没有自己的看法	C.有些能理解，有些太深奥不能理解	D.离自己太遥远，不能理解
小学	34.00%	34.30%	39.50%	56.40%
初中	33.80%	31.90%	29.10%	18.30%
高中	32.10%	33.90%	31.40%	25.30%

图 2-11　学生对国际理解教育课程理解度与学生学段交叉分析图

针对具体的学生在国际理解教育课程中学到内容的调研结果可以看出（图 2-12），在国际理解教育的学习内容方面，主要集中于对人类文明和世界发展的认识(50.67%)、了解人类面临的全球性挑战（如饥饿、战争、气候问题等）(46.52%)、理解人类命运共同体的内涵与价值(40.44%)、对不同群体、观点、文化的接纳能力(39.63%)、提升民族自豪感和自信心(39.14%)、懂得以国际视角看待国际问题(36.88%)。开展国际理解教育能够提升学生的开放、平等、尊重、宽容、客观的国际视野,帮助学生理性认识、认同各国不同文化;能够提升学生对本民族文化的理解力,培养学生的民族自豪感;能够培养学生学会融入全球社会,学会接纳、关心和尊重不同文化形态和各民族的风俗习惯,学会关注和处理人类面临的共同挑战,从而养成国际使命感与责任感。但从目前的现状来看,国际理解教育对儿童的国际理解素养培养更多集中在探索世界和认识观点的层面,对交流活动和采取行动方面的培养有待加强。

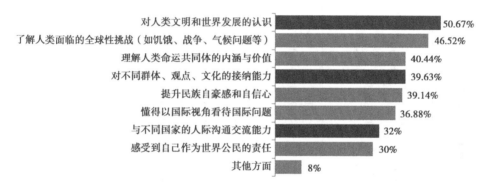

图 2-12　学生在国际理解教育课程/活动中学到内容的统计图

进一步将学生在国际理解教育课程/活动中学到的内容与学校类型进行交叉分析,结果见表2-7。从表2-7中可以看出学校类型不同,学生对国际理解教育课程内容的学习程度不同,且学习效果与学校类型呈现出正相关。如省市重点中小学的学生对人类文明和世界发展的认识,了解人类面临的全球性挑战,理解人类命运共同体的内涵与价值,懂得以国际视角看待国际问题,对不同群体、观点、文化的接纳能力,与不同国家的人际沟通交流能力,感受到自己作为世界公民的责任,提升民族自豪感和自信心等 8 个方面的内容的学习程度比其他类型学校的占比都要高。在了解人类面临的全球性挑战和理解人类命运共同体的内涵与价值两个学习内容随着学校类型从省市重点中小学到农村中小学逐渐降低;从国际视角看待问题、文化接纳能力以及人际沟通能力在不同学校类型的递减变化幅度相似,均为省市重点中小学略高于区县重点中小学略

表2-7 学生在国际理解教育课程/活动中学到内容与学校类型交叉统计表

单位：人

X/Y	A.对人类文明和世界发展的认识	B.了解人类面临的全球性挑战（如战争、饥饿、气候问题等）	C.理解人类命运共同体的内涵与价值	D.懂得以国际视角看待国际问题	E.对不同群体、观点、文化的接纳能力	F.与不同国家的人际沟通交流能力	G.感受到自己作为世界公民的责任	H.提升民族自豪感和自信心	I.其他方面	小计
A.省市重点中小学	217（60.11%）	204（56.51%）	175（48.48%）	171（47.37%）	171（47.37%）	146（40.44%）	132（36.57%）	153（42.38%）	27（7.48%）	361
B.省市普通中小学	215（58.11%）	188（50.81%）	159（42.97%）	146（39.46%）	147（39.73%）	120（32.43%）	121（32.70%）	153（41.35%）	36（9.73%）	370
C.区县普通中小学	366（50.34%）	356（48.97%）	311（42.78%）	258（35.49%）	287（39.48%）	219（30.12%）	213（29.30%）	311（42.78%）	42（5.78%）	727
D.区县重点中小学	402（49.69%）	365（45.12%）	333（41.16%）	323（39.93%）	339（41.90%）	270（33.37%）	251（31.03%）	314（38.81%）	64（7.91%）	809
E.乡镇完全小学/九年一贯制学校	114（39.72%）	112（39.02%）	93（32.40%）	77（26.83%）	96（33.45%）	80（27.87%）	73（25.44%）	75（26.13%）	32（11.15%）	287
F.农村中小学	127（43.79%）	98（33.79%）	79（27.24%）	74（25.52%）	87（30%）	62（21.38%）	61（21.03%）	107（36.90%）	22（7.59%）	290

高于省市普通中小学和区县普通中小学,高于乡镇和农村中小学;提升民族自豪感和自信心这一内容目标的达成度在农村中小学学生国际理解教育课程学习目标达成度内容中居第二,占比为 36.90%,其次是对不同群体、观点、文化的接纳能力(占比为 30%)。由此可见,不同学校学生在国际理解教育课程内容的目标达成度上存在一定的差异,且知识理解层面的目标与能力提升层面的目标达成度跟学校类型之间存在一定相关性。

(三)行为表现力评价

国际理解教育是为了培养更具全球竞争力的人才,加强中小学国际理解教育,帮助学生树立人类命运共同体意识,培养德、智、体、美、劳全面发展且具有国际视野的新时代青少年。国际理解教育课程的实施成效内隐于学生态度、价值观的培养,外显于学生知识掌握、技能应用的行为表现。

通过"国际理解教育课程/活动促进了你的哪些行为"的调研分析发现(图2-13),其对学生的促进行为主要集中表现为乐于向他人介绍中华传统文化(63.85%),更加努力学习外语(49.09%),了解时事,学习各国文化(46.45%),主动关注世界问题(如气候、战争、经济等)(40.19%),与他人(包括其他国家或民族的学生)友好相处(31.01%),申请海外留学(18.5%)。国际理解教育给学生带来的直接影响是促进学生弘扬中华文化,提升文化自信;其次是语言的学习和交流;再次是吸纳他国文化及对全球问题和时事的关注;当然对和平、友好地与他人相处和出国交流也产生了一定的行为促进作用。

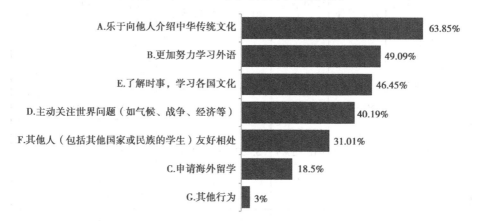

图 2-13　国际理解教育课程/活动对学生的行为促进统计图

　　进一步将国际理解教育课程/活动对学生的行为促进与学生民族进行交叉分析,结果见表2-8。从表2-8中可以看出,2844个学生样本共涉及12个民族,分别是汉族(1994人)、土家族(524人)、苗族(260人)、壮族(33人)、满族(11人)、回族(11人)、维吾尔族(3人)、彝族(2人)、藏族(2人)、侗族(2人)、蒙古族(1人)、哈萨克族(1人)。依据不同民族学生行为表现力评价结果发现,国际理解教育课程有助于促进学生乐于向他人介绍中华传统文化的行为,此外各民族学生更加努力学习外语这一行为的促进作用也较为明显。具体来看,汉族学生的行为表现力主要体现在乐于向他人介绍中华传统文化,更加努力学习外语,了解时事,学习各国文化及主动关注世界问题等方面,申请海外留学的比例为18.00%;壮族学生中更加努力学习外语、主动关注世界问题和了解时事,学习各国文化的比例差不多,均为33%左右。满族学生除上述的行为促进之外,申请海外留学的比例为27.27%,回族学生申请海外留学比例为36.36%;总体来看,不同民族学生的在国际理解教育课程的行为表现力方面存在差异,重庆市各个区县少数民族较多,在国际理解教育课程发展过程中应充分发挥其民族化与本土化的特点,整体提升学生的国际理解素养。

表2-8　国际理解教育课程/活动对学生的行为促进与学生民族交叉统计表

单位:人

X/Y	A.乐于向他人介绍中华传统文化	B.更加努力学习外语	C.申请海外留学	D.主动关注世界问题(如气候、战争、经济等)	E.了解时事,学习各国文化	F.与他人(包括其他国家或民族的学生)友好相处	G.其他行为	小计
汉族	1270 (63.69%)	1000 (50.15%)	359 (18.00%)	802 (40.22%)	968 (48.55%)	639 (32.05%)	57 (2.86%)	1994
壮族	16 (48.48%)	11 (33.33%)	6 (18.18%)	11 (33.33%)	10 (30.30%)	8 (24.24%)	0	33
满族	6 (54.55%)	5 (45.45%)	3 (27.27%)	4 (36.36%)	2 (18.18%)	1 (9.09%)	0	11
回族	7 (63.64%)	4 (36.36%)	4 (36.36%)	3 (27.27%)	3 (27.27%)	0	0	11

续表

X/Y	A.乐于向他人介绍中华传统文化	B.更加努力学习外语	C.申请海外留学	D.主动关注世界问题（如气候、战争、经济等）	E.了解时事,学习各国文化	F.与他人（包括其他国家或民族的学生）友好相处	G.其他行为	小计
苗族	168（64.62%）	133（51.15%）	38（14.62%）	111（42.69%）	116（44.62%）	86（33.08%）	9（3.46%）	260
维吾尔族	2（66.67%）	1（33.33%）	0	0	2（66.67%）	0	0	3
土家族	341（65.08%）	237（45.23%）	113（21.56%）	208（39.69%）	218（41.60%）	145（27.67%）	13（2.48%）	524
彝族	2（100%）	1（50%）	2（100%）	2（100%）	1（50%）	1（50%）	0	2
蒙古族	0	1（100%）	0	0	0	0	0	1
藏族	1（50%）	2（100%）	1（50%）	1（50%）	1（50%）	1（50%）	0	2
侗族	2（100%）	1（50%）	0	1（50%）	0	1（50%）	0	2
哈萨克族	1（100%）	0	0	0	0	0	0	1

　　总体来看,以国际理解为核心的教育实践活动能使学生在对中华民族主体文化产生认同的基础上,更好地理解世界的多元性,增强学生的全球意识,提高跨文化的沟通能力,学会尊重、共处和合作[1],担负起世界公民的责任和义务,形成正确的世界观、价值观和科学的思维方法,成为能够参与国际事务和国际竞争的国际化人才。

---

[1]　毛立伟,杨文杰."人类命运共同体"理念引领下国际理解教育的时代使命与理性抉择[J].黑龙江高教研究,2023,41(6):8-14.

四、重庆市儿童国际理解教育师资培养现状

（一）教师国际理解教育素养

培养学生的国际理解素养需要教师首先具备较高的全球素养水平。卡耐基基金会于 2000 年发表报告提出"将全球视角带入课堂必须从帮助教师形成全球观点开始"，"具备全球意识和国际知识的教师"是抓住全球化时代发展机遇的关键。通过调研"国际理解教育教师应该具备哪些素养"发现（图 2-14），有超过 60% 的教师认为应当首先了解本国历史和文化，了解世界各民族文化，认识我国与世界的关系；有 50%～60% 的教师认为应当认识全球主要政治、经济、社会问题，不断学习和补充，且应当具备人类命运共同体意识；有 30%～40% 的教师认为还应有包容的态度，包容不同国家文化信仰、价值和传统，具备与不同民族/国籍学生沟通交流能力及基本的课堂组织能力；28.8% 的教师认为还应具备对国际理解教育的热情。这一调研结果与 2008 年远见基金会发表的《面向全球时代的教师准备：变革势在必行》报告中提到的教师必须具备相关的知识、技能及态度较为吻合，教师的国际理解素养应当具有对世界历史、地理、文化、环境及经济体系、当前国际问题的知识和探究欲，熟悉自己学科领域的国际知识；具备与不同国家的人有效交流的语言和跨文化技能，理解多种观点，能够运用来自世界各地的主要信息源；具有开展全球教育的教学技巧，能够引导学生去分析来自世界各地的主要信息源，学会欣赏多种观点和识别成见；具有对道德公民权的承诺，致力于帮助学生成为对世界及社区负责任的公民。但教师

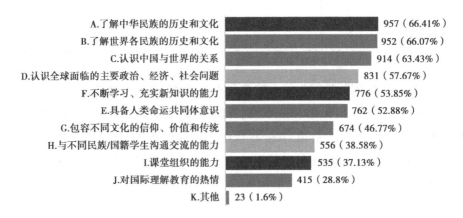

图 2-14　国际理解教育教师应当具备的素养统计图（单位：人）

的国际理解素养指标体系如何构建,不同素养指标上的优先级和权重如何计算更加科学的问题还需进行进一步实践验证。

(二)教师参与国际理解教育课题研讨情况

通过调研教师参与国际理解教育课题和会议研讨的情况发现(图2-15),目前大部分教师没有参与过国际理解教育相关课题研究(占比为74%)及相关会议或研讨(占比为67%);仅有接近1/3的教师有参与过国际理解教育相关课题及相关会议或研讨的经历。其中,主持或参研过课题的这部分教师从学校类型看主要集中于省市中小学,从教龄上看主要集中在4~6年和7~10年的青年骨干教师,没有参与过课题的教师主要是教龄1~3年的新教师和15年以上的老教师;且有出国求学/工作背景的教师参与和主持课题的比例高于没有出国求学/工作背景的教师,在求学期间学习过国际理解教育相关知识的教师参与和主持课题的比例高于没有职前教育经历的教师。由此可见,教师的教龄、出国经历以及职前教育经历与教师在职期间主持参与课题的情况存在一定的相关性;同时,任教年级、学校类型和求学经历与教师是否参与国际理解教育相关会议研讨也存在一定的相关性。

是否主持或参与过国际理解教育相关课题研究　　　　是否参与过国际理解教育相关会议或研讨

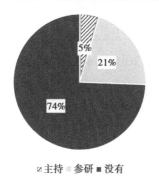
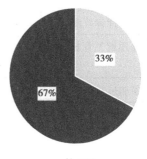

图2-15　教师参与国际理解教育课题研讨情况统计图

结合访谈结果发现,只有很少一部分教师参与过国际理解教育相关会议,这部分教师主要是中小学校长和区县教委人员,普通教师中参加国际理解教育研讨会议的人非常少,这可能与国际理解教育发展的区域现状及资源投入有关。为促进入职后教师的国际理解素养提升,还需加强相关研讨会或课题的大力支持,鼓励更多教师投入国际理解教育的研究与实践中。

（三）教师参与国际理解教育培训情况

国内相关研究证明,在职教师参与国际理解教育培训活动对提升自身全球素养有显著作用[①]。对教师参与国际理解教育培训情况调研发现,67.8%的教师没有参与过国际理解教育相关培训,26.72%的教师参与过含有国际理解教育模块的培训,9.51%的教师参与过专项国际理解教育培训。通过教师参与培训情况和教师基本信息的交叉分析发现,教师专业背景、出国求学和工作经历、学校类型、求学期间是否学习过国际理解教育相关知识等内容与教师参与培训情况存在相关性。通过非参数检验对"求学期间是否学习过有关国际理解教育模块的相关知识"与"教师参与培训情况"进行 MannWhitney 检验统计量分析,发现样本对"A.专项国际理解教育培训"没有表现出显著性差异;对"B.含国际理解教育模块的培训""C.没有参加过"两项呈现出显著性差异(表2-9)。

表2-9 "是否学习过国际理解教育相关知识"与"教师参与培训情况"非参数检验结果

	9.您在求学期间是否学习过有关国际理解教育模块的相关知识? 中位数 M(P25,P75)		MannWhitney 检验统计量		p
	是($n=20$)	否($n=80$)	U 值	z 值	
A.专项国际理解教育培训	0.000(0.0,0.0)	0.000(0.0,0.0)	750	−1.141	0.254
B.含国际理解教育模块的培训	0.000(0.0,0.8)	0.000(0.0,0.0)	640	−2.781	0.005**
C.没有参加过	1.000(0.0,1.0)	1.000(1.0,1.0)	620	−2.756	0.006**

* $p<0.05$。

** $p<0.01$。

基于前期教师对国际理解教育理念、目标的认识以及技能方法应用和实施成效评价现状可以看出,当前教师的国际理解素养水平还需进一步提升,特别是在教师对传统文化、国际文化、命运共同体意识、文化包容能力等方面的培养。教委和学校应加强国际理解教育相关研讨会议,丰富培训,增设专项课题,多增加出国交流项目,加强师资培养。

---

① 王丹,郭娜.中小学教师国际素养现状及建议:基于北京市朝阳区教师国际素养调查报告的分析[J].世界教育信息,2017,30(9):44-47.

五、重庆市儿童国际理解教育外界保障现状

（一）国际理解教育政策文件支持

2020年6月，《教育部等八部门关于加快和扩大新时代教育对外开放的意见》（以下简称《意见》）正式印发，《意见》指出要在基础教育领域加强中小学国际理解教育，帮助学生树立人类命运共同体意识，培养德智体美劳全面发展且具有国际视野的新时代青少年。我国已经从顶层规划提出要加强国际理解教育，相应的北京、上海、深圳、长春、成都等地都如火如荼地开展国际理解教育探索与实践，重庆地区在借鉴学习的基础上，已有部分学校开展相应的探索和实践。但任何一个教育政策的实施和推进，都离不开教育管理部门的顶层设计和自上而下的政策支持和引导。课题组通过访谈区县教委、学校管理者和教师发现其非常认同国际理解对学生发展的重要价值，但在政策的执行上目前仍以上级和学校制定的培养目标为主，例如"考试指挥棒"或者其他任务，且访谈教师中大部分教师表示国际理解教育相关的政策制定不及时，各级政府和教委未出台专门的国际理解教育政策文本。同时通过对"学校是否有开展国际理解教育相关的文件和工作方案"的问卷调查结果显示，53.16%的教师表示学校没有相应的政策文件，46.84%的教师表示学校有开展国际理解教育相关的文件和方案。这一比例说明目前不光是从政府和区县教委层面应加大对国际理解教育的政策支持，还应鼓励和督促学校出台相关的国际理解教育实施方案或工作文件。

（二）国际理解教育资金保障支持

为全面调研儿童国际理解教育现状，课题组面向重庆市区县教委和中小学管理者（大多为校长）开展了如下的电话访谈，包括："您所在的学校是谁在负责管理国际理解教育？有没有专门的组织层级？您所在的学校开展国际理解教育的资金来源有哪些？您所在的学校都有哪些有关国际理解教育的政策措施？您所在的学校在开展国际理解教育的过程中得到过哪些方面的支持？"对访谈内容进行梳理和分析发现，从教委层面的保障措施没有明确提到有怎样的保障支持，这主要是因为国际理解教育在重庆市区及各个区县还处于起步阶段，受到地域影响较大，同时也依赖于市教委的支持和帮扶。对各校国际理解教育开

展的专项经费、资金款项或者奖励补助等资金支持的方案还处在逐步建立的过程中,有待具体完善和落实。另外,有部分教委领导和学校管理者参加过相关的国际理解教育专项培训,但名额较为有限。

从学校管理者层面,大部分校长在提到学校开展国际理解教育的资金来源时讲到,学校主要是用学校的专用经费来支持国际理解教育课程/活动的开展。对于"您所在的学校在开展国际理解教育的过程中得到过哪些方面的支持(资金投入、师资培训、外来团队帮扶等)"这个问题,仅有个别学校的校长和骨干教师表示参加过国际理解教育相关培训,但是师资培训的名额比较少,大多数学校管理者和教师没有参与国际理解教育的相关培训、课题研究,对这方面的培训和学习有所期待;部分学校从德育方面申请到一些课题和经费的支持,但关于国际理解教育的专项资金支持缺乏,团队帮扶和校际之间的国际理解教育协同合作还有待加强。

(三)国际理解教育开展的困难与不足

针对当前重庆地区国际理解教育开展的不足,我们通过学生角度调研发现(表2-10),国际理解教育课程/活动开展过程中主要存在上课次数比较少和开设时间比较晚的问题,分别占到总数的49%和37%;其次是资源方面的不足,如上课资料不够丰富(30%)、老师讲课内容单一(29%)、课程教材缺乏趣味性(29%);再次是活动内容和形式方面的不足,包括对外交流机会较少(28%)、上课形式较为单一(26%)。由此可见,从学生角度认为当前国际理解教育课程或活动开展的不足主要集中于课程频次、课程资源和课程形式三个方面。

表 2-10　国际理解教育课程/活动存在的不足

描述统计					
	N	合计	均值	标准偏差	方差
14(A.开设时间比较晚)	2844	1056	0.37	0.483	0.234
14(B.上课次数比较少)	2844	1401	0.49	0.500	0.250
14(C.老师讲课内容单一)	2844	822	0.29	0.453	0.206
14(D.课程教材缺乏趣味性)	2844	828	0.29	0.454	0.206
14(E.上课资料不够丰富)	2844	843	0.30	0.457	0.209

续表

描述统计					
	N	合计	均值	标准偏差	方差
14（F.上课形式较为单一）	2844	732	0.26	0.437	0.191
14（G.对外交流机会较少）	2844	806	0.28	0.451	0.203
14（H.其他）	2844	252	0.09	0.284	0.081
有效个案数（成列）	2844				

　　进一步从教师角度对国际理解教育开展的困难进行调研发现（图2-16），有关学校开展国际理解教育的困难主要来源于政策支持的缺乏、升学压力、安全考虑以及教师培训等方面，其中缺少来自学校、政府的大力支持占比为55.45%；升学压力挤占国际理解教育的课程和活动占比为53.99%；出于安全考虑不方便开展活动占比为51.21%；缺少国际理解教育相关的教师培训占比为50.38%；缺少专职专岗教师占比为44.34%。此外，在具体实施过程中存在的困难还有缺少国际理解教育课程资源（46.43%）、缺少可用教材（39.49%）、缺少国际理解教育实践基地（33.66%）、缺乏对外交流机会（30.19%）等。

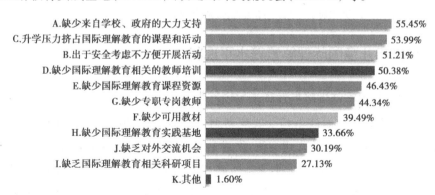

图2-16　学校开展国际理解教育的困难分析统计图

　　课题组在面向教师和学校校长访谈"您觉得贵校哪些因素限制了开展国际理解教育的课程或者活动呢？如果要开展，您想得到哪些方面的帮助？"两个问题时，有访谈者提到其制约因素有四个方面：首先是学校管理层的意识观点。

他提到"管理层是作为一个学校的领头羊,它是一个部署的机构,相当于起了一个带头作用,带头的方向他都没有往那方面去,所以咱们孩子他肯定就不可能往这方面去发展和成长,所以管理团队的意识观点很重要。"其次是资源建设。国际理解教育课程实施肯定需要一些资源,访谈者提到"希望有一个机构或组织可以帮助像我们这样的乡村学校;或者我国其他地区有经验的城市学校可以帮助乡村学校,建立联系和桥梁,有利于学校的国际理解教育发展。"第三是需要一个专业的培训团队或师资团队的引领。"因为像我们这样的乡镇学校,肯定不管是家长还是老师,对这方面的理解都不是那么深刻,当然也没有具体的操作方法来帮助孩子们去培养一些全球的视野,或者全球化的能力,所以我觉得还需要一个专业团队的引领。如果说有一个团队可以给我们一些方法上、理论上的支撑,带领着我们的老师,帮助我们,让我们去怎么样开展国际理解教育,可能能够给我们提供一定的助力。"最后,访谈教师还提到了一个制约因素,就是家长。"乡村学校的学生普遍都是留守儿童,大多由爷爷奶奶这样的老人进行抚养,老人们缺乏国际理解教育的意识,所以从家长角度给孩子培养全球视野或者国际观,都是很难去落实的,这是乡镇农村学校存在的通病。"通过多方调研和访谈结果可以发现,儿童国际理解教育课程/活动的开展,需要教育部门和政府的大力支持和引导,需要增加专题的教师培训和师资队伍建设,需要加大课程资源建设和硬件建设,还要加强校际协作和专家引领。

六、重庆市儿童国际理解素养水平现状

(一)儿童国际理解素养水平总体分析

《国家中长期教育改革和发展规划纲要(2010—2020年)》中明确要求"加强国际理解教育,推动跨文化交流,增进学生对不同国家、不同文化的认识和理解"。2016年,由北京师范大学等多所高校的近百名研究人员组成的课题组发布了《中国学生发展核心素养》[①],在其总体框架中将"国际理解"纳入"责任担当"素养要点之一。框架将"国际理解"定义为:具有全球意识和开放的心态,了解人类文明进程和世界发展动态;能尊重世界多元文化的多样性和差异性,积极参与跨文化交流;关注人类面临的全球性挑战,理解人类命运共同体的内涵

---

① 核心素养研究课题组.中国学生发展核心素养[J].中国教育学刊,2016(10):1-3.

与价值等。美国亚洲协会构建的"全球胜任力"指标体系①将具备国际理解素养的个体定义为可以理解和欣赏来自世界其他地区、宗教、民族的文化,能够清楚地认识自己与他人观点的不同,能够与不同受众有效交流自己的想法,与来自不同文化体系和国家背景的人一起学习、工作、生活并将自己的想法转化为适当的行动。由此可见,儿童国际理解素养已成为其核心素养发展的重要维度之一。

课题组在文献研究的基础上,以亚洲协会"全球胜任力"框架作为考察儿童国际理解素养的评价指标。这一指标体系包括探索世界、认识观点、交流想法、采取行动四个维度,其中探索世界是指学生对当前环境之外的世界进行调查;认识观点是指学生认识自己和他人的观点;交流想法是指通过不同文化之间进行公开、适当和有效的互动,与不同受众有效地交流自己的想法;采取行动是指学生们将自己的想法和发现付诸合适行动以改进现状。基于"全球胜任力"框架的四个维度,编制了面向儿童国际理解素养的问卷。问卷按照李克特五级量表从教师角度对儿童国际理解素养水平进行测量,具体调研维度设计如表 2-11 所示。

表 2-11　儿童国际理解素养水平测评指标

项目维度	内容列表
探索世界	1.学生能意识到可以扩展和深化所拥有的全球问题的信息和知识,并能查询全球问题的形成来源和产生影响的信息
	2.学生利用各种资源对具有全球意义的问题(如全球变暖等)进行研究
	3.学生能意识到全球性问题的存在对他们生活的影响
	4.学生能意识到全球议题是相互关联、复杂且富有挑战性、不断发生变化的
认识观点	5.学生能够认识和表达对全球问题的观点和看法,并知道原因
	6.学生知道如何比较和对比不同文化观点的共性和多样性,并尝试理解这些差异
	7.学生知道如何分析和评估某种文化中的重大事件和趋势
	8.学生知道如何审视全球各地的文化,并认识到它们与中国生活的内在联系

---

① 邓莉,吴月竹.经合组织全球胜任力框架及测评的争议:兼论对中国国际理解教育的反思[J].比较教育研究,2021,43(11):22-30.

续表

项目维度	内容列表
交流想法	9.学生能够理解不同文化背景的人对同一文化的解读不同,这会影响沟通效果
	10.学生能够使用有效的沟通策略与不同文化背景的人进行沟通交流
	11.学生能够使用多种媒体(如微信、Facebook 等)与不同文化、不同国家的人进行沟通交流
	12.学生能够思考我国与全球相互依存的关系,并理解有效的沟通能够影响彼此的理解与合作
采取行动	13.学生能够将他们对全球问题的想法和发现落实到行动上,并积极改善(如学生有环保意识,可以通过诸如减少一次性筷子、袋子使用等行为保护环境)
	14.学生阅读报纸、杂志和书籍,听取跨文化和国际主题的广播和电视节目并能对媒体传播的信息做出积极的回应
	15.学生能够对国际议题进行影响力评估
	16.学生能够评估不同国家不同文化对全球发展的影响

调研发现从教师角度评价学生国际理解素养水平总得分为 3.4 分,处在一般偏上的水平,但距离国际理解素养水平较高的 4 分甚至 5 分还有一定的差距。具体描述统计结果见表 2-12,其中得分最高为"采取行动"(3.4054 分),其次是"探索世界"(3.4049 分),再次为"交流想法"(3.4020 分),最后是"认识观点"(3.3858 分),低于总体得分,说明学生在认识和表达自己的观点,审视他人观点,解释事件、问题、现象的水平有待提升。

表 2-12　儿童国际理解素养各维度描述统计表

描述统计						
	N 统计	范围统计	均值		标准偏差统计	方差统计
			统计	标准错误		
探索世界	1441	4.00	3.4049	0.02546	0.96653	0.934
认识观点	1441	4.00	3.3858	0.02546	0.96635	0.934
交流想法	1441	4.00	3.4020	0.02509	0.95246	0.907
采取行动	1441	4.00	3.4054	0.02475	0.93969	0.883
有效个案数(成列)	1441					

　　进一步将国际理解素养水平四个维度和总分与"一区两群"进行交叉分析得出图 2-17,从图 2-17 中可以看出,都市区儿童的国际理解素养水平普遍高于城镇区,其总分为 3.47,高于渝东北城镇区 0.06,高于渝东南城镇区 0.14。此外,在探索世界、认识观点、交流想法、采取行动四个维度的得分均在 3.45 以上,高于总体平均分。儿童国际理解素养水平次之的是渝东北城镇区,总体平均分为 3.41,高于总体平均分 3.4,且在探索世界、认识观点、交流想法、采取行动四个维度的得分分别为 3.4、3.39、3.41、3.43,采取行动维度得分最高。渝东南城镇区所属的区县学生国际理解素养水平最低,其总体平均分为 3.33,且每个维度的得分均低于总体平均分,探索世界、认识观点、交流想法、采取行动四个维度的得分分别为 3.34、3.32、3.32、3.34,处于雷达图最内侧,这部分区县主要集中于黔江区、武隆区、石柱县、秀山县、酉阳县和彭水县。由此可见,重庆市儿童国际理解素养水平在区域之间的差异较大,特别是渝东南城镇区普遍偏低。

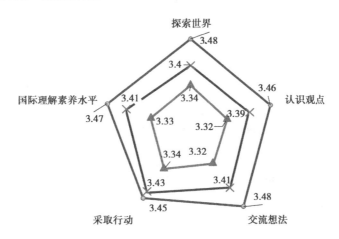

图 2-17　儿童国际理解素养总体水平雷达图

(二)儿童国际理解素养水平具体分析

　　进一步将国际理解素养四个维度 16 个指标项进行具体分析,得出具体指标结果见表 2-13。

表 2-13　儿童国际理解素养各指标项描述统计表

题目/选项	平均分	标准差	方差
1.学生能意识到可以扩展和深化所拥有的全球问题的信息和知识,并能查询全球问题的形成来源和产生影响的信息	3.37	1.031	1.062
2.学生利用各种资源对具有全球意义的问题(如全球变暖等)进行研究	3.37	1.025	1.051
3.学生能意识到全球性问题的存在对他们生活的影响	3.46	1.02	1.041
4.学生能意识到全球议题是相互关联、复杂且富有挑战性、不断发生变化的	3.43	1.033	1.067
5.学生能够认识和表达对全球问题的观点和看法,并知道原因	3.37	1.031	1.064
6.学生知道如何比较和对比不同文化观点的共性和多样性,并尝试理解这些差异	3.41	1.008	1.017
7.学生知道如何分析和评估某种文化中的重大事件和趋势	3.36	1.025	1.051
8.学生知道如何审视全球各地的文化,并认识到它们与中国生活的内在联系	3.4	1.009	1.019
9.学生能够理解不同文化背景的人对同一文化的解读不同,这会影响沟通效果	3.45	0.992	0.983
10.学生能够使用有效的沟通策略与不同文化背景的人进行沟通交流	3.41	1	0.999
11.学生能够使用多种媒体(如微信、Facebook 等)与不同文化、不同国家的人进行沟通交流	3.35	1.048	1.098
12.学生能够思考我国与全球相互依存的关系,并理解有效的沟通能够影响彼此的理解与合作	3.4	1.005	1.009
13.学生能够将他们对全球问题的想法和发现落实到行动上,并积极改善(如学生有环保意识,可以通过诸如减少一次性筷子、袋子使用等行为保护环境)	3.53	1.002	1.005

续表

题目/选项	平均分	标准差	方差
14.学生阅读报纸、杂志和书籍,听取跨文化和国际主题的广播和电视节目并能对媒体传播的信息做出积极的回应	3.47	0.996	0.992
15.学生能够对国际议题进行影响力评估	3.31	1.028	1.058
16.学生能够评估不同国家不同文化对全球发展的影响	3.32	1.023	1.046
小计	3.4		

得分最高的四个指标项为"学生能够将他们对全球问题的想法和发现落实到行动上,并积极改善(如学生有环保意识,可以通过诸如减少一次性筷子、袋子使用等行为保护环境)"(3.53分),"学生阅读报纸、杂志和书籍,听取跨文化和国际主题的广播和电视节目并能对媒体传播的信息做出积极的回应"(3.47分),"学生能意识到全球性问题的存在对他们生活的影响"(3.46分),"学生能够理解不同文化背景的人对同一文化的解读不同,这会影响沟通效果"(3.45分),分别对应"采取行动""采取行动""探索世界""交流想法"维度。得分最低的四个指标项为"学生能够对国际议题进行影响力评估"(3.31分),"学生能够评估不同国家不同文化对全球发展的影响"(3.32分),"学生能够使用多种媒体(如微信、Facebook等)与不同文化、不同国家的人进行沟通交流"(3.35分),"学生知道如何分析和评估某种文化中的重大事件和趋势"(3.36分),分别对应"采取行动""采取行动""交流想法""认识观点"维度。在"采取行动"维度的指标呈现出两极分化的特点。

进一步将每个指标的选项进行雷达图分析得出图2-18,从图2-18可以很明显看出每个指标项选择"一般"的人数在40%以上,占大多数;其次是"比较符合"的人数,为27%~30%,选择"非常符合"的人数较少。从这一现象也可以比较明显地看出教师对儿童国际理解素养水平评价的大体情况。

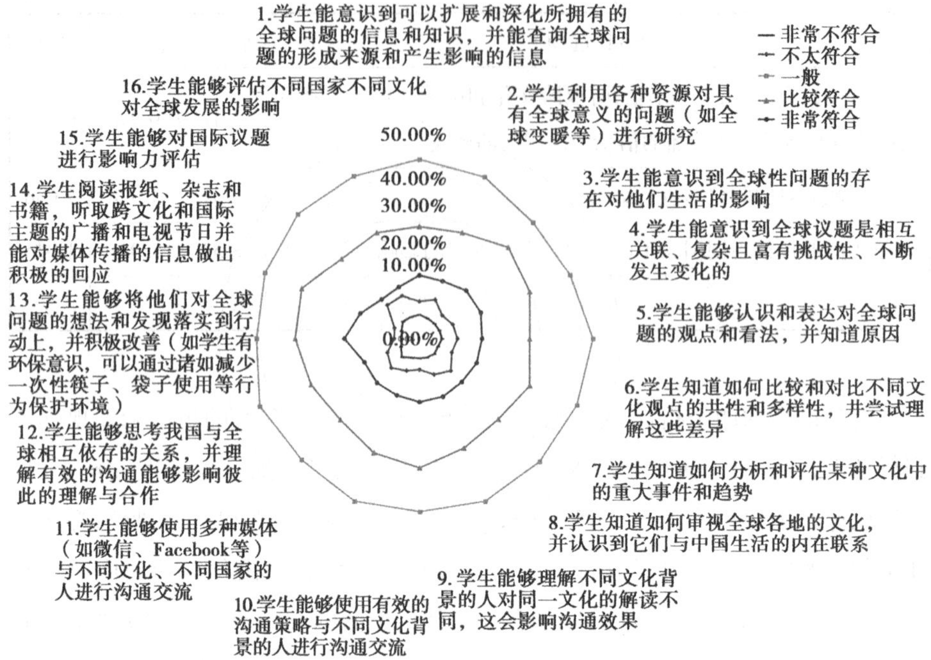

图 2-18　儿童国际理解素养具体水平雷达图

第三章 重庆市儿童国际理解教育区域性比较调研

重庆市儿童国际理解教育的差异性分析,主要从基础信息和"一区两群"与国际理解教育理念认知、课程实施、成效评价、师资培养和外界保障等方面进行差异性分析。其中"一区两群"由都市区、渝东北城镇群和渝东南城镇群构成。

课题组通过"转换"—"计算变量"将学生卷和教师卷中的"学校所在区县"的 38 个区县通过计算变量的方式将其转换为"quyuCode"变量,其值域为"50"="都市区"、"51"="渝东北城镇区"、"52"="渝东南城镇区"。教师卷和学生卷"一区两群"的样本量统计情况见表 3-1 和表 3-2。从表 3-1 和表 3-2 中可以看出三个区域的样本量略有差异,但差别不大。教师卷中"渝东南城镇区"样本量为 504 份,"都市区"样本量为 484 份,"渝东北城镇区"样本量为 453 份。学生卷中"都市区"的样本量最多,有 1118 份,"渝东南城镇区"的样本量为 920 份,"渝东北城镇区"的样本量为 806 份。

表 3-1 教师卷"一区两群"样本量

教师卷"一区两群"分布					
		计数(人)	百分比(%)	有效百分比(%)	累积百分比(%)
有效	都市区	484	33.6	33.6	33.6
	渝东北城镇区	453	31.4	31.4	65.0
	渝东南城镇区	504	35.0	35.0	100.0
	总计	1441	100.0	100.0	

表 3-2　学生卷"一区两群"样本量

		计数(人)	百分比(%)	有效百分比(%)	累积百分比(%)
	学生卷"一区两群"分布				
有效	都市区	1118	39.3	39.3	39.3
	渝东北城镇区	806	28.3	28.3	67.7
	渝东南城镇区	920	32.3	32.3	100.0
	总计	2844	100.0	100.0	

一、重庆市"一区两群"儿童国际理解教育理念认知差异

（一）"一区两群"教师求学背景差异分析

求学背景是影响教师教育获得和专业发展的重要变量,通过比较"一区两群"教师求学背景的差异,旨在对比不同区域间教师的基本条件及对国际理解教育的基本认识,进而判断区域间学校和教师对国际理解教育理念的差异化认知。在 SPSS 中打开 jiaoshijuan.Sav,进入"数据视图"下,选择菜单"分析"—"描述统计"—"交叉表"命令,打开如图 3-1 所示对话框。在"交叉表"对话框中,从左侧的列表中选择"您在求学期间是否学习过有关国际理解教育模块的相关知识",并把它添加到右侧的"行"列表框中,再从左侧的列表中选择变量"quyuCode",并把它添加到右侧的"列"列表框中。单击右上角的"统计"按钮,打开"统计量"对话框,选择"卡方"复选框,单击"继续",单击"确定"按钮,启动交叉表的检验过程。

图 3-1　"一区两群"教师求学背景交叉表分析

从分析结果可以看出"一区两群"和"教师求学期间是否学习过国际理解教育相关模块知识"之间的交叉频数和"卡方检验"情况。从"交叉频数"(表3-3)可以看出,教师求学期间有国际理解教育求学基础的教师人数"都市区"高于"渝东北城镇区",高于"渝东南城镇区";从"卡方检验"表格右侧的"渐进显著性(双侧)"列可以看出(表3-4),各种方式的检验概率值均大于0.05。由此可以得出结论:"一区两群"在教师求学期间是否学习过有关国际理解教育模块的相关知识不存在显著性差异。

表3-3 "一区两群"教师求学背景交叉分析统计表

单位:人

9.您在求学期间是否学习过有关国际理解教育模块的相关知识? —"一区两群"代码交叉表					
计数					
		"一区两群"代码			总计
		都市区	渝东北城镇区	渝东南城镇区	
9.您在求学期间是否学习过有关国际理解教育模块的相关知识?	是	194	192	179	565
	否	290	261	325	876
总计		484	453	504	1441

表3-4 "一区两群"教师求学背景卡方检验结果

卡方检验			
	值	自由度	渐进显著性(双侧)
皮尔逊卡方	4.955[a]	2	0.084
似然比	4.973	2	0.083
线性关联	2.215	1	0.137
有效个案数(份)	1441		

a.0 个单元格(0.0%)的期望计数小于 5。最小期望计数为 177.62。

进一步将"'一区两群'Code"与出国经历进行交叉表分析并整理后得出如表3-5所示结果,从中可以看出重庆市都市区有出国经历的比例高于渝东北和渝东南城镇区,这反映出重庆市都市区教师可能有更多的机会、更好的经济基础和更强烈的意愿出国求学、工作或旅游等。结合卡方检验结果(表3-6)发现,教师出国经历中"出国求学""出国旅游""没有出过国"三个选项与重庆市"一区两群"存在显著性差异,皮尔逊卡方系数小于 0.05;"B.出国工作""D.出国其他"与"一区两群"之间不存在差异。

表 3-5 "一区两群"教师出国经历交叉分析结果

区域列表		A.出国求学	B.出国工作	C.出国旅游	D.出国其他	E.没有出过国	总计
都市区	计数(人)	34	20	123	6	332	484
	占总计的百分比(%)	2.40	1.40	8.50	0.40	23.00	33.60
渝东北城镇区	计数(人)	19	14	49	3	388	453
	占总计的百分比(%)	1.30	1.00	3.40	0.20	26.90	31.40
渝东南城镇区	计数(人)	13	13	36	1	457	504
	占总计的百分比(%)	0.90	0.90	2.50	0.10	31.70	35.00
总计	计数(人)	66	47	208	10	1177	1441
	占总计的百分比(%)	4.60	3.30	14.40	0.70	81.70	100.00

表 3-6 "一区两群"与教师出国经历卡方检验结果

皮尔逊卡方检验						
		10(A.出国求学)	10(B.出国工作)	10(C.出国旅游)	10(D.出国其他)	10(E.没有出过国)
"一区两群"代码	卡方	11.389	1.948	73.730	3.894	87.401
	自由度	2	2	2	2	2
	显著性	0.003*	0.378	0.000*	0.143[b]	0.000*

结果基于每个最内部子表的非空行和列。

*卡方统计在 0.05 级别显著。

b.在此子表中,20%以上的单元格期望单元格计数小于 5。卡方结果可能无效。

(二)"一区两群"教师国际理解教育概念认识的差异分析

通过将"教师对国际理解教育"概念的理解与"一区两群"进行交叉表卡方检验,如图 3-2 所示。在此基础上对每项交叉表数据进行整理和统计,并通过定制表分析得出定制表结果。

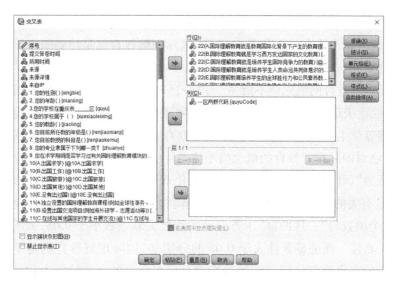

图 3-2 "一区两群"教师对国际理解教育概念的认识交叉表分析

通过比较分析发现 1441 名教师中(图 3-3),认为国际理解教育是教育国际化背景下产生的教育理念,旨在培养学生人类命运共同体意识,帮助学生建立文化自信,提升国际竞争力,培养全球胜任力和公民素养的教育的比例,都市区高于渝东北城镇区和渝东南城镇区。在"感觉自己对国际理解教育的概念尚不清楚"的教师中,渝东南城镇区人数最多,占比为 42.4%(100 人)。

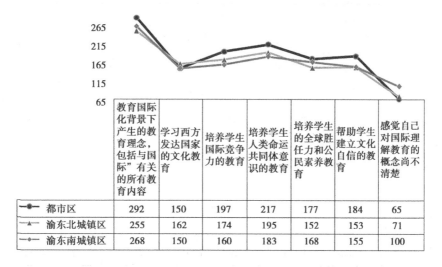

	教育国际化背景下产生的教育理念,包括与国际"有关的所有教育内容	学习西方发达国家的文化教育	培养学生国际竞争力的教育	培养学生人类命运共同体意识的教育	培养学生的全球胜任力和公民素养教育	帮助学生建立文化自信的教育	感觉自己对国际理解教育的概念尚不清楚
都市区	292	150	197	217	177	184	65
渝东北城镇区	255	162	174	195	152	153	71
渝东南城镇区	268	150	160	183	168	155	100

图 3-3 "一区两群"教师对国际理解教育概念的认识折线统计图(单位:人)

进一步通过定制表进行独立性卡方检验分析如表3-7所示,其中卡方检验结果中,渐进显著性小于0.05的分别是"国际理解教育就是培养学生国际竞争力的教育""国际理解教育就是培养学生人类命运共同体意识的教育""感觉自己对国际理解教育的概念尚不清楚"与"一区两群"的卡方检验结果,可以得出结论:地处重庆市"一区两群"的教师对国际理解教育是培养学生国际竞争力的教育和培养学生人类命运共同体意识的教育存在显著性差异,有关联性。且"感觉自己对国际理解教育的概念尚不清楚"与"一区两群"之间存在显著性差异。而认为"国际理解教育就是教育国际化背景下产生的教育理念,因此包括与'国际'有关的所有教育内容""国际理解教育就是帮助学生建立文化自信的教育"两个项数与"一区两群"卡方检验的线性关联系数小于0.05,表明其存在一定的关联性。渐进显著性大于0.05的分别是"国际理解教育就是学习西方发达国家的文化教育""国际理解教育就是培养学生的全球胜任力和公民素养的教育"与"一区两群"的卡方检验结果,可以得出结论:地处重庆市"一区两群"的教师对国际理解教育是学习西方发达国家的文化教育和国际理解教育培养学生全球胜任力和公民素养教育不存在显著性差异,没有关联性。

表3-7 "一区两群"与教师对国际理解教育概念认识的卡方检验结果

皮尔逊卡方检验							
		22（A.国际理解教育就是教育国际化背景下产生的教育理念,因此包括与"国际"有关的所有教育内容）	22（B.国际理解教育就是学习西方发达国家的文化教育）	22（C.国际理解教育就是培养学生国际竞争力的教育）	22（D.国际理解教育就是培养学生人类命运共同体意识的教育）	22（E.国际理解教育就是培养学生的全球胜任力和公民素养的教育）	22（F.国际理解教育就是帮助学生建立文化自信的教育）	22（G.感觉自己对国际理解教育的概念尚不清楚）
"一区两群"代码	卡方	5.165	4.325	9.203	8.242	1.401	5.831	7.650
	自由度	2	2	2	2	2	2	2
	显著性	0.076	0.115	0.010*	0.016*	0.496	0.054	0.022*

结果基于每个最内部子表的非空行和列。

*卡方统计在0.05级别显著。

进一步将教师对国际理解教育概念的理解与学校所在具体区域进行交叉分析,在此基础上剔除样本量小于 10 的区县学校后,得出如表 3-8 所示的交叉分析表,从中可以看出教师对国际理解教育概念的理解在"一区两群"中间的具体区县比较时同样存在显著差异性,特别是拿每个区样本量最多的区县进行比较,发现在培养学生的国际竞争力以及文化自信方面,不同区县存在较大的差异。

(三)"一区两群"教师国际理解教育目标认识的差异分析

对"一区两群"教师国际理解教育目标的认识是否存在差异进行分析发现(图 3-4),在 5 个对国际理解教育目标的认识中,都市区教师对国际理解教育目标的认识普遍高于渝东北城镇区和渝东南城镇区;其次,渝东南城镇区在"重视文化多样性""增进文化理解""促进文化认同与尊重""建构行为共生策略"方面的人数多于渝东北城镇区(表 3-9)。进一步对皮尔逊卡方检验结果分析(表 3-10)发现,只有"比较中外文化差异"和"增进文化理解"与"quyuCode"之间的卡方检验结果的渐进显著性系数小于 0.05,存在显著性差异。

图 3-4 "一区两群"教师国际理解教育目标认识交叉表分析图

进一步将教师对国际理解教育目标的认识与区县分布进行交叉分析并剔除样本量小于 10 的 13 个区县后,得出如表 3-11 所示统计结果。从表 3-11 中可以具体看到重庆市核心都市区的南岸区、沙坪坝区、綦江区、涪陵区、渝北区等

表3-8 重庆市区县与教师对国际理解教育概念理解交叉分析表

单位：人

区域分布	X/Y	A. 国际理解教育就是教育国际化背景下产生的教育理念，因此包括与"国际"有关的所有教育内容	B. 国际理解教育就是学习西方发达国家的国文化教育	C. 国际理解教育就是培养学生国际竞争力的教育	D. 国际理解教育就是培养学生人类命运共同体意识的教育	E. 国际理解教育培养学生的全球胜任力和公民素养教育	F. 国际理解教育就是帮助学生建立文化自信的教育	C. 感觉自己对国际理解教育的概念尚不清楚	小计
都市区	涪陵区	40(57.97%)	33(47.83%)	29(42.03%)	27(39.13%)	17(24.64%)	19(27.54%)	4(5.80%)	69
	渝中区	5(50%)	6(60%)	5(50%)	5(50%)	4(40%)	2(20%)	0	10
	沙坪坝区	73(62.93%)	19(16.38%)	41(35.34%)	62(53.45%)	54(46.55%)	58(50%)	18(15.52%)	116
	南岸区	69(57.02%)	41(33.88%)	42(34.71%)	52(42.98%)	49(40.50%)	50(41.32%)	17(14.05%)	121
	綦江区	51(61.45%)	28(33.73%)	38(45.78%)	40(48.19%)	25(30.12%)	26(31.33%)	14(16.87%)	83
	渝北区	39(67.24%)	19(32.76%)	29(50%)	21(36.21%)	23(39.66%)	24(41.38%)	9(15.52%)	58
渝东北城镇区	开州区	36(47.37%)	32(42.11%)	24(31.58%)	35(46.05%)	25(32.89%)	26(34.21%)	10(13.16%)	76
	丰都县	43(58.90%)	18(24.66%)	25(34.25%)	30(41.10%)	25(34.25%)	26(35.62%)	8(10.96%)	73
	垫江县	28(62.22%)	13(28.89%)	18(40%)	22(48.89%)	19(42.22%)	18(40%)	11(24.44%)	45
	奉节县	58(54.21%)	29(27.10%)	39(36.45%)	35(32.71%)	30(28.04%)	28(26.17%)	23(21.50%)	107
	巫溪县	45(52.33%)	39(45.35%)	34(39.53%)	32(37.21%)	27(31.40%)	26(30.23%)	14(16.28%)	86
	忠县	34(77.27%)	23(52.27%)	27(61.36%)	31(70.45%)	20(45.45%)	22(50%)	1(2.27%)	44
	万州区	10(55.56%)	7(38.89%)	7(38.89%)	8(44.44%)	6(33.33%)	7(38.89%)	3(16.67%)	18
渝东南城镇区	秀山县	62(48.82%)	28(22.05%)	38(29.92%)	52(40.94%)	42(33.07%)	42(33.07%)	26(20.47%)	127
	酉阳县	73(51.05%)	46(32.17%)	44(30.77%)	54(37.76%)	44(30.77%)	45(31.47%)	29(20.28%)	143
	彭水县	70(57.38%)	41(33.61%)	42(34.43%)	39(31.97%)	40(32.79%)	38(31.15%)	31(25.41%)	122
	黔江区	63(56.25%)	35(31.25%)	36(32.14%)	38(33.93%)	42(37.5%)	30(26.79%)	14(12.5%)	112

地的教师对国际理解教育目标的认识。进一步将其绘制成折线图(图3-5),可以更加清晰地从折线图中看出不同区县对国际理解教育课程目标的认识存在较大差异,其中沙坪坝区的教师认为国际理解教育课程的目标应重视文化多样性占比最高;涪陵区和渝中区对国际理解教育目标中建构行为共生策略的目标认同度最低,忠县认同度最高,达65.91%,这有可能跟忠县作为教育部—联合国儿童基金会"社会情感学习"项目试点区县有关系。

表3-9 "一区两群"与教师对国际理解教育目标认识交叉分析结果

单位:人

		A.重视文化多样性	B.比较中外文化差异	C.增进文化理解	D.促进文化认同与尊重	E.建构行为共生策略	F.其他
		计数	计数	计数	计数	计数	计数
"一区两群"代码	都市区	371	263	342	326	221	1
	渝东北城镇区	323	254	291	281	208	3
	渝东南城镇区	354	244	323	316	229	5

表3-10 "一区两群"与教师对国际理解教育目标认识卡方检验结果

皮尔逊卡方检验							
		23(A.重视文化多样性)	23(B.比较中外文化差异)	23(C.增进文化理解)	23(D.促进文化认同与尊重)	23(E.建构行为共生策略)	23(F.其他)
"一区两群"代码	卡方	5.798	6.297	6.089	3.499	0.022	2.469
	自由度	2	2	2	2	2	2
	显著性	0.055	0.043*	0.048*	0.174	0.989	0.291[b]

结果基于每个最内部子表的非空行和列。

*卡方统计在0.05级别显著。

b.在此子表中,20%以上的单元格期望单元格计数小于5。卡方结果可能无效。

表 3-11　重庆市区县与教师对国际理解教育目标认识交叉分析表

区域分布 X/Y		A.重视文化多样性	B.比较中外文化差异	C.增进文化理解	D.促进文化认同与尊重	E.建构行为共生策略	F.其他	小计（人）
都市区	南岸区	76.03%	49.59%	73.55%	68.60%	45.45%	0.00%	121
	沙坪坝区	87.07%	58.62%	82.76%	77.59%	57.76%	0.00%	116
	綦江区	74.70%	56.63%	71.08%	68.67%	49.40%	0.00%	83
	涪陵区	62.32%	57.97%	55.07%	50.72%	30.43%	1.45%	69
	渝北区	82.76%	48.28%	72.41%	79.31%	44.83%	0.00%	58
	渝中区	70%	60%	50%	40%	30%	0.00%	10
渝东北城镇区	奉节县	77.57%	50.47%	65.42%	60.75%	40.19%	0.00%	107
	巫溪县	60.47%	65.12%	60.47%	59.30%	48.84%	0.00%	86
	开州区	77.63%	55.26%	61.84%	63.16%	44.74%	0.00%	76
	丰都县	58.90%	38.36%	61.64%	56.16%	34.25%	1.37%	73
	垫江县	80%	66.67%	66.67%	73.33%	60%	4.44%	45
	忠县	77.27%	72.73%	72.73%	70.45%	65.91%	0.00%	44
	万州区	66.67%	55.56%	72.22%	55.56%	44.44%	0.00%	18
渝东南城镇区	酉阳县	69.93%	50.35%	64.34%	62.94%	44.76%	1.40%	143
	秀山县	70.87%	42.52%	62.99%	68.50%	40.16%	1.57%	127
	彭水县	69.67%	50.82%	65.57%	62.30%	52.46%	0.82%	122
	黔江区	70.54%	50%	63.39%	56.25%	44.64%	0.00%	112

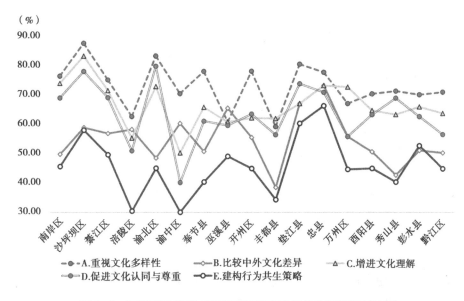

图 3-5 不同区县教师对国际理解教育目标的认识情况对比图

二、重庆市"一区两群"儿童国际理解教育课程实施差异

（一）"一区两群"国际理解教育课程内容差异分析

针对不同区域（都市区、渝东北城镇区、渝东南城镇区）的国际理解教育课程内容是否存在差异，在 SPSS 中打开 jiaoshijuan.Sav，进入"数据视图"之下，选择菜单"分析"—"描述统计"—"交叉表"命令，打开如图 3-6 所示对话框。在"交叉表"对话框中，从左侧的列表中选择国际理解教育课程内容的 8 个题项，并把它添加到右侧的"行"列表框中，再从左侧的列表中选择变量"quyuCode"，并把它添加到右侧的"列"列表框中。单击右上角的"统计"按钮打开"统计量"对话框，选择"卡方"复选框，单击"继续"，单击"确定"按钮，启动交叉表的检验过程。

从得出的卡方检验结果中发现，8 个题项与"一区两群"代码卡方检验的渐进显著性（双侧）列各种方式的检验概率值均小于 0.05 的分别是"设置出国交流项目（例如海外研学、志愿活动等）""在线与其他国家的学生开展交流""邀请外籍人士来校交流""庆祝国际节日、纪念日"和"其他"。进一步通过"定制表"皮尔逊卡方检验也得出相同的结论（表 3-12），说明这部分国际理解教育课程内容与重庆市"一区两群"之间存在显著性差异。

图 3-6 "一区两群"与国际理解教育课程内容交叉表分析

表 3-12 "一区两群"与国际理解教育课程内容卡方检验结果

		11 [A.独立设置的国际理解教育课程(例如全球性事务、世界多元文化、中国与世界的联系等)]	11 [B.设置出国交流项目(例如海外研学、志愿活动等)]	11(C.在线与其他国家的学生开展交流)	11(D.邀请外籍人士来校交流)	11(E.庆祝国际节日、纪念日)	11 [F.开展语言交流活动(如英语角、汉语角等)]	11(G.开展与国际文化、全球问题相关的主题班会)	11 (H.其他)
"一区"两群"代码	卡方	1.247	10.016	24.714	67.461	7.821	1.354	6.017	13.647
	自由度	2	2	2	2	2	2	2	2
	显著性	0.536	0.007*	0.000*	0.000*	0.020*	0.508	0.049*	0.001*

结果基于每个最内部子表的非空行和列。

*卡方统计在 0.05 级别显著。

进一步将国际理解教育课程内容与"一区两群"交叉表的分析结果进行整理绘制如图 3-7 所示折线图。结合差异性分析结果和重庆市"一区两群"课程内容现状发现,在"设置出国交流项目""在线与其他国家的学生开展交流""邀请外籍人士来校交流""开展语言交流活动(如英语角、汉语角等)"等方面,都市区学校的样本量高于渝东南城镇区和渝东北城镇区。选择"其他"选项的学校,渝东南城镇区多于渝东北城镇区和都市区。

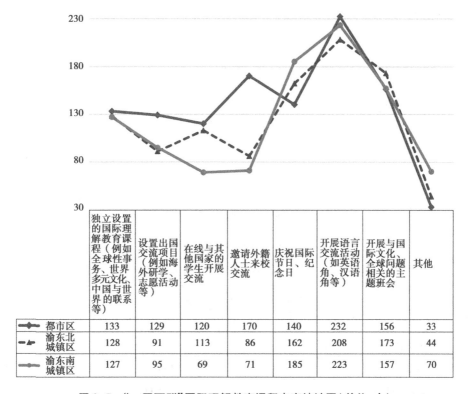

	独立设置的国际理解教育课程(例如全球性事务、世界多元文化、中国与世界的联系等)	设置出国目交流项目(例如海外研学、志愿活动等)	在线与其他国家的学生开展交流	邀请外籍人士来校交流	庆祝国际节日、纪念日	开展语言交流活动(如英语角、汉语角等)	开展与国际文化、全球问题相关的主题班会	其他
都市区	133	129	120	170	140	232	156	33
渝东北城镇区	128	91	113	86	162	208	173	44
渝东南城镇区	127	95	69	71	185	223	157	70

图 3-7 "一区两群"国际理解教育课程内容统计图(单位:人)

(二)"一区两群"国际理解教育课程频次差异分析

针对不同区域(都市区、渝东北城镇区、渝东南城镇区)的国际理解教育课程频次是否存在差异,在 SPSS 中打开 jiaoshijuan.Sav,进入"数据视图"之下,借助"分析"—"非参数检验"—"旧对话框"—"K 个独立样本"命令打开如图 3-8所示对话框。在"多个独立样本检验"对话框中,从左侧选择变量"贵校平均一周开设多少课时的国际理解教育课程/活动"添加到"检验变量列表"列表框中;接着把变量"quyuCode"添加到"分组变量"列表框中,并利用"定义范围"按钮把范围设置为"50"和"52"。在"检验类型"中选择"约克海尔-塔帕斯特拉"复选框,单击"确定"按钮,启动数据分析过程。

基于"约克海尔-塔帕斯特拉检验"算法分组计算 K 个独立序列的差异性检验,获得表 3-13 的检验结论,面向"一区两群"三个不同区域的开课频次差异性检验,其检验概率值<0.05,说明"一区两群"的国际理解教育开课频次存在显著性差异。

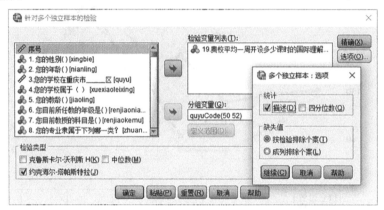

图 3-8 "一区两群"与国际理解教育课程频次非参数检验分析

表 3-13 "一区两群"与国际理解教育课程频次非参数检验结果

约克海尔-塔帕斯特拉检验[a]	
	19.贵校平均一周开设多少课时的国际理解教育课程/活动?
"一区两群"代码中的级别数	3
个案数(份)	1441
实测 J-T 统计	378755.000
平均值 J-T 统计	345750.000
J-T 统计的标准差	8003.632
标准 J-T 统计	4.124
渐近显著性(双尾)	0.000

a.分组变量:"一区两群"代码。

进一步通过开课频次与区域代码的交叉表分析得出其频数分布结果如表 3-14 所示,可以明显看出都市区开设国际理解教育课程的频次高于渝东北城镇区,高于渝东南城镇区。没有开设国际理解教育课程的学校,渝东南城镇区多于渝东北城镇区和都市区。

表3-14 "一区两群"与国际理解教育课程频次交叉表结果

单位:人

贵校平均一周开设多少课时的国际理解教育课程/活动? —"一区两群"代码交叉表					
计数					
		"一区两群"代码			总计
		都市区	渝东北城镇区	渝东南城镇区	
19.贵校平均一周开设多少课时的国际理解教育课程/活动?	1	20	16	15	51
	2	68	49	40	157
	3	93	71	67	231
	4	91	93	109	293
	5	212	224	273	709
总计		484	453	504	1441

(三)"一区两群"国际理解教育课程师资差异分析

针对不同区域(都市区、渝东北城镇区、渝东南城镇区)的国际理解教育课程师资配备是否存在差异,在 SPSS 中打开 jiaoshijuan.Sav,进入"数据视图"之下,选择菜单"分析"—"描述统计"—"交叉表"命令,打开如图 3-9 所示对话

图3-9 "一区两群"与国际理解教育课程师资交叉表分析

框。在"交叉表"对话框中,从左侧的列表中选择国际理解教育课程师资的 5 个题项,并把它添加到右侧的"行"列表框中,再从左侧的列表中选择变量"quyuCode",添加到右侧的"列"列表框中。单击右上角的"统计"按钮打开"统计量"对话框,选择"卡方"复选框,单击"继续",单击"确定",启动交叉表的检验过程。

进一步通过定制表进行皮尔逊卡方检验,从得出的卡方检验结果中发现(表 3-15),5 个题项与"一区两群"代码卡方检验的渐进显著性检验概率值均小于 0.05,这表示重庆市"都市区""渝东南城镇区""渝东北城镇区"的国际理解教育课程师资存在显著性差异。

表 3-15 "一区两群"与国际理解教育课程师资卡方检验结果

皮尔逊卡方检验						
		20(A.校内专职教师)	20(B.班主任代课)	20(C.其他科任教师代课)	20(D.聘请校外教师)	20(E.外籍教师任课)
"一区两群"代码	卡方	10.766	25.939	20.957	10.419	26.805
	自由度	2	2	2	2	2
	显著性	0.005*	0.000*	0.000*	0.005*	0.000*

结果基于每个最内部子表的非空行和列。

* 卡方统计在 0.05 级别显著。

进一步将交叉表的数据进行整合后得出如图 3-10 所示的结果,从图 3-10 中可以看出,有"班主任代课"和"其他科任教师代课"的样本量,城镇区多于都市区;而"校内专职教师""聘请校外教师""外籍教师任课"的比例,都市区要多于渝东北城镇区和渝东南城镇区。

进一步将具体区县与国际理解教育课程师资进行交叉分析,选取样本量在 10 以上的区县进行统计分析如表 3-16 所示。从表 3-16 中可以看出,在重庆市都市区中邀请外籍教师担任国际理解教育课程的比例渝北区最高,为 65.52%;校内专职教师任课的比例除渝中区外,涪陵区占比最高,为 37.68%。渝东北城镇区和渝东南城镇区各个区县国际理解教育课程主要由班主任和其他科任教师代课较多,而聘请校外教师和外籍教师任课的比例还有待提高。

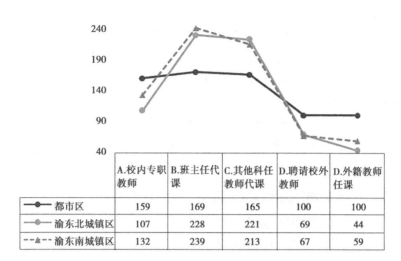

	A.校内专职教师	B.班主任代课	C.其他科任教师代课	D.聘请校外教师	D.外籍教师任课
都市区	159	169	165	100	100
渝东北城镇区	107	228	221	69	44
渝东南城镇区	132	239	213	67	59

图 3-10　"一区两群"国际理解教育课程师资比较统计图（单位：人）

表 3-16　"一区两群"与国际理解教育课程师资交叉分析表

单位：人

区域分布 X/Y		A.校内专职教师	B.班主任代课	C.其他科任教师代课	D.聘请校外教师	E.外籍教师任课	小计
都市区	南岸区	44（36.36%）	48（39.67%）	32（26.45%）	28（23.14%）	22（18.18%）	121
	沙坪坝区	32（27.59%）	36（31.03%）	49（42.24%）	35（30.17%）	9（7.76%）	116
	綦江区	24（28.92%）	39（46.99%）	42（50.60%）	9（10.84%）	17（20.48%）	83
	涪陵区	26（37.68%）	29（42.03%）	21（30.43%）	15（21.74%）	9（13.04%）	69
	渝北区	13（22.41%）	4（6.90%）	11（18.97%）	5（8.62%）	38（65.52%）	58
	渝中区	6（60%）	1（10%）	3（30%）	3（30%）	3（30%）	10
渝东北城镇区	奉节县	21（19.63%）	60（56.07%）	48（44.86%）	11（10.28%）	3（2.80%）	107
	巫溪县	22（25.58%）	46（53.49%）	41（47.67%）	14（16.28%）	8（9.30%）	86
	开州区	20（26.32%）	36（47.37%）	35（46.05%）	14（18.42%）	9（11.84%）	76
	丰都县	11（15.07%）	32（43.84%）	39（53.42%）	7（9.59%）	9（12.33%）	73
	垫江县	11（24.44%）	20（44.44%）	26（57.78%）	8（17.78%）	7（15.56%）	45
	忠县	15（34.09%）	22（50%）	23（52.27%）	11（25%）	4（9.09%）	44
	万州区	6（33.33%）	9（50%）	7（38.89%）	3（16.67%）	4（22.22%）	18

续表

区域分布 X/Y		A.校内专职教师	B.班主任代课	C.其他科任教师代课	D.聘请校外教师	E.外籍教师任课	小计
渝东南城镇区	西阳县	43(30.07%)	67(46.85%)	57(39.86%)	8(5.59%)	14(9.79%)	143
	秀山县	29(22.83%)	66(51.97%)	52(40.94%)	18(14.17%)	10(7.87%)	127
	彭水县	27(22.13%)	62(50.82%)	57(46.72%)	19(15.57%)	16(13.11%)	122
	黔江区	33(29.46%)	44(39.29%)	47(41.96%)	22(19.64%)	19(16.96%)	112

（四）"一区两群"国际理解教育课程实施方式比较

针对不同区域（都市区、渝东北城镇区、渝东南城镇区）的国际理解教育课程实施方式是否存在差异，在 SPSS 中打开 jiaoshijuan.Sav，进入"数据视图"之下，选择菜单"分析"—"描述统计"—"交叉表"命令，打开对话框。在"交叉表"对话框中，从左侧的列表中选择国际理解教育课程实施方式的 6 个题项，并把它添加到右侧的"行"列表框中，再从左侧的列表中选择变量"quyuCode"，并把它添加到右侧的"列"列表框中。单击右上角的"统计"按钮打开"统计量"对话框，选择"卡方"复选框，单击"继续"，单击"确定"按钮，启动交叉表的检验过程。

从得出的卡方检验结果中发现（表 3-17），6 个题项与"一区两群"代码卡方检验的渐进显著性（双侧）列各种方式的检验概率值均小于 0.05 的是"学科教学渗透"和"文化交流活动"，说明这两种实施方式在重庆市"都市区""渝东南城镇区""渝东北城镇区"的国际理解教育中存在显著性差异。这一结论与"一区两群"国际理解教育课程师资和课程内容的差异性相对应，可以从中追溯到一些关联性。

表 3-17　"一区两群"与国际理解教育课程实施方式卡方检验结果

		皮尔逊卡方检验					
		21(A.学科教学渗透)	21(B.主题活动组织)	21(C.校园文化活动)	21(D.开发校本课程)	21(E.文化交流活动)	21(F.其他)
"一区两群"代码	卡方	10.330	4.308	1.946	5.401	8.929	2.733
	自由度	2	2	2	2	2	2
	显著性	0.006*	0.116	0.378	0.067	0.012*	0.255

结果基于每个最内部子表的非空行和列。

* 卡方统计在 0.05 级别显著。

进一步将交叉表的数据进行整合绘制后得出如图3-11所示,从图3-11中可以看出,在存在显著性差异的"学科教学渗透"与"文化交流活动",都市区均大于城镇区。而在"校园文化活动"和"开发校本课程"两个方面,都市区的比例也要高于城镇区。对比渝东北城镇区和渝东南城镇区,渝东南城镇区在"学科教学渗透""校园文化活动"两个方面略高于渝东北城镇区。

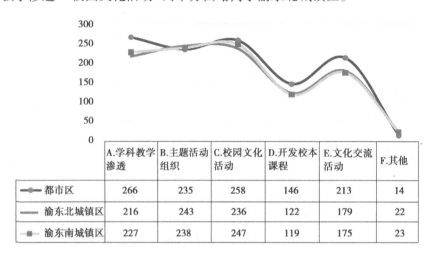

	A.学科教学渗透	B.主题活动组织	C.校园文化活动	D.开发校本课程	E.文化交流活动	F.其他
都市区	266	235	258	146	213	14
渝东北城镇区	216	243	236	122	179	22
渝东南城镇区	227	238	247	119	175	23

图 3-11　"一区两群"国际理解教育课程实施方式统计图(单位:人)

(五)"一区两群"国际理解教育授课环境差异分析

针对不同区域(都市区、渝东北城镇区、渝东南城镇区)的国际理解教育课程频次是否存在差异,在 SPSS 中打开 xueshengjuan.Sav,进入"数据视图"之下,借助"分析"—"非参数检验"—"旧对话框"—"K 个独立样本"命令打开对话框。在"多个独立样本检验"对话框中,从左侧选择变量"你的国际理解教育课程/活动主要在哪里进行"添加到"检验变量列表"列表框中;接着把变量"quyuCode"添加到"分组变量"列表框中,并利用"定义范围"按钮把范围设置为"50"和"52"。在"检验类型"中选择"约克海尔-塔帕斯特拉"复选框,单击"确定"按钮,启动数据分析过程,结果如表3-18所示,从其渐近显著性(双尾)Sig.=0.539,大于0.05,说明"一区两群"的国际理解教育授课环境不存在显著性差异。

表 3-18　"一区两群"与国际理解教育授课环境非参数检验结果

约克海尔–塔帕斯特拉检验[a]	
	5.你的国际理解教育课程/活动主要在哪里进行?
"一区两群"代码中的级别数	3
个案数(份)	2844
实测 J-T 统计	1348945.000
平均值 J-T 统计	1335594.000
J-T 统计的标准差	21752.306
标准 J-T 统计	0.614
渐近显著性(双尾)	0.539

a.分组变量:"一区两群"代码。

　　进一步将课程实施环境与区域进行交叉分析和卡方检验得出的频数统计结果如表 3-19 所示,都市区由于样本量较大,所以在各类教学环境的样本量均高于渝东南城镇区和渝东北城镇区。另外,卡方检验的结果也表明国际理解教育课程实施环境与区域之间不存在显著性差异。

表 3-19　"一区两群"与国际理解教育授课环境交叉表分析结果

单位:人

5.你的国际理解教育课程/活动主要在哪里进行? —"一区两群"代码交叉表					
计数					
		"一区两群"代码			总计
		都市区	渝东北城镇区	渝东南城镇区	
5.你的国际理解教育课程/活动主要在哪里进行?	本班教室	598	430	488	1516
	专门的活动室	209	131	160	500
	学校礼堂	73	70	60	203
	学校操场	71	53	56	180
	校外其他场所	167	122	156	445
总计		1118	806	920	2844

（六）"一区两群"国际理解教育课程资源差异分析

针对不同区域（都市区、渝东北城镇区、渝东南城镇区）的国际理解教育课程频次是否存在差异，在 SPSS 中打开 xueshengjuan.Sav，进入"数据视图"之下，借助"分析"—"非参数检验"—"旧对话框"—"K 个独立样本"命令打开对话框。在"多个独立样本检验"对话框中，从左侧选择变量"你有没有国际理解教育课程教材"添加到"检验变量列表"列表框中；接着把变量"quyuCode"添加到"分组变量"列表框中，并利用"定义范围"按钮把范围设置为"50"和"52"。在"检验类型"中选择"约克海尔-塔帕斯特拉"复选框，单击"确定"按钮，启动数据分析过程，结果如表 3-20 所示，从其渐近显著性（双尾）Sig.<0.05，说明"一区两群"的国际理解教育教材资源存在显著性差异。具体地，"一区两群"的国际理解教育课程资源的配备情况如表 3-21 所示，每个学生都有教材的情况都市区是城镇区的两倍以上，老师有教材，学生没有教材的情况三个区域差不多。

表 3-20 "一区两群"与国际理解教育课程资源非参数检验结果

约克海尔-塔帕斯特拉检验[a]	
	6.你有没有国际理解教育课程教材?
"一区两群"代码中的级别数	3
个案数（份）	2844
实测 J-T 统计	1421328.000
平均值 J-T 统计	1335594.000
J-T 统计的标准差	20830.983
标准 J-T 统计	4.116
渐近显著性（双尾）	0.000

a.分组变量："一区两群"代码。

表 3-21 "一区两群"与国际理解教育课程资源交叉表结果

单位:人

6.你有没有国际理解教育课程教材？—"一区两群"代码交叉表					
计数					
		"一区两群"代码			总计
		都市区	渝东北城镇区	渝东南城镇区	
6.你有没有国际理解教育课程教材？	每个学生都有一册	257	117	102	476
	老师和学生共用一册	72	82	88	242
	老师有,学生没有	132	134	136	402
	没有教材	657	473	594	1724
总计		1118	806	920	2844

进一步从 jiaoshijuan.Sav 中对学校区域与贵校学生配备国际理解教育课程教材情况进行"非参数检验"—"旧对话框"—"K 个独立样本"检验,执行"约克海尔-塔帕斯特拉"检验方式得出的非参数检验结果如表 3-22 所示,其中渐进显著性系数小于 0.05,代表区域与学生配备教材资源情况之间存在显著性差异。具体的"一区两群"学生教材配备情况如表 3-23 所示,从表 3-23 中可以看出学生"有统一教材"和"有校本教材"的和都小于"没有教材"的人数比例,所以对国际理解教育课程资源的开发和建设是推进国际理解教育非常重要的任务。

表 3-22 "一区两群"与学生配备国际理解教育教材非参数检验结果

约克海尔-塔帕斯特拉检验[a]	
	18.贵校学生有配备国际理解教育课程教材吗?
3.您的学校在重庆市_____区/县中的级别数	30
个案数(份)	1441
实测 J-T 统计	505793.500
平均值 J-T 统计	483734.000
J-T 统计的标准差	7488.811
标准 J-T 统计	2.946
渐近显著性(双尾)	0.003

a.分组变量:3.您的学校在重庆市_____区。

表 3-23　"一区两群"与学生配备国际理解教育教材情况交叉分析表

区域比较		有统一教材	有校本教材	没有教材	总计
都市区	计数(人)	59	115	310	484
	占总计的百分比(%)	4.10	8.00	21.50	33.60
渝东北城镇区	计数(人)	61	91	301	453
	占总计的百分比(%)	4.20	6.30	20.90	31.40
渝东南城镇区	计数(人)	58	79	367	504
	占总计的百分比(%)	4.00	5.50	25.50	35.00
总计	计数(人)	178	285	978	1441
	占总计的百分比(%)	12.40	19.80	67.90	100.00

三、重庆市"一区两群"儿童国际理解教育实施成效差异

(一)"一区两群"国际理解教育课程满意度比较

有关"一区两群"国际理解教育课程的满意度分析,首先在 SPSS 中打开数据文件 xueshengjuan.Sav,并使之处于"数据视图"状态下。其次,选择"分析"—"非参数检验"—"旧对话框"—"1.样本 K-S"命令,打开针对"单样本 K-S 检验"的对话框。在"单样本 K-S 检验"对话框中,从左侧的列表中把"你希望有更多的国际理解教育课程/活动吗""你对现在的国际理解教育课程/活动满意吗""你对现在的国际理解教育课程/活动理解吗"添加到右侧的"检验变量列表"列表框中。然后在选项中选择"描述"点击继续,并在检验分布中选择"正态"复选框,表示要对这三列数据进行正态性分布检验,示例如图3-12所示。最后,单击"确定"按钮,启动分布正态性判断。得出单样本柯尔莫戈洛夫-斯米诺夫检验结果如表 3-24 所示。

图 3-12 "一区两群"国际理解教育课程满意度单样本检验

表 3-24 "一区两群"国际理解教育课程满意度单样本检验结果

单样本柯尔莫戈洛夫-斯米诺夫检验				
		9.你希望有更多的国际理解教育课程/活动吗?	10.你对现在的国际理解教育课程/活动满意吗?	11.你对现在的国际理解教育课程/活动理解吗?
个案数(份)		2844	2844	2844
正态参数[a,b]	平均值	2.21	2.76	2.64
	标准偏差	1.284	1.252	1.106
最极端差值	绝对	0.246	0.194	0.226
	正	0.246	0.180	0.158
	负	-0.173	-0.194	-0.226
检验统计		0.246	0.194	0.226
渐近显著性(双尾)		0.000[c]	0.000[c]	0.000[c]

a.检验分布为正态分布。

b.根据数据计算。

c.里利氏显著性修正。

　　通过表 3-24 发现,国际理解教育课程的期望度、满意度和理解程度的显著性值均小于 0.05,不满足正态分布,不可以作为因变量参与 T 检验,因此,确定使用 K 独立样本的非参数检验。在 SPSS 中打开 xueshengjuan.Sav,进入"数据视图"之下,选择菜单"分析"—"非参数检验"—"旧对话框"—"K 个独立样本"命令打开如图 3-13 所示对话框。在"多个独立样本检验"对话框中,从左侧选择变量"你希望有更多的国际理解教育课程/活动吗""你对现在的国际理解教育课程/活动满意吗""你对现在的国际理解教育课程/活动理解吗"添加到"检验变量列表"中;接着把变量"quyuCode"添加到"分组变量"列表框中,并利用"定义范围"按钮把范围设置为"50"和"52"。在"检验类型"中选择"约克海尔-塔帕斯特拉"复选框,单击"确定"按钮,启动数据分析过程。其操作图示和分析结果如表 3-25 所示,从"约克海尔-塔帕斯特拉检验结果"中可以看出渐近显著性(双尾)Sig.<0.05,说明"一区两群"的国际理解教育课程期望度、满意度、理解程度均存在显著性差异。

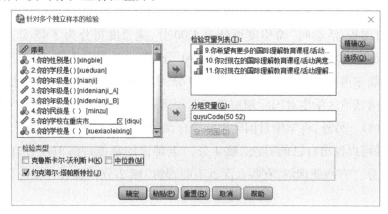

图 3-13　"一区两群"国际理解教育课程满意度非参数检验分析

表 3-25　"一区两群"国际理解教育课程满意度非参数检验结果

约克海尔-塔帕斯特拉检验[a]			
	9.你希望有更多的国际理解教育课程/活动吗?	10.你对现在的国际理解教育课程/活动满意吗?	11.你对现在的国际理解教育课程/活动理解吗?
"一区两群"代码中的级别数	3	3	3
个案数(份)	2844	2844	2844

续表

	9.你希望有更多的国际理解教育课程/活动吗?	10.你对现在的国际理解教育课程/活动满意吗?	11.你对现在的国际理解教育课程/活动理解吗?
实测 J-T 统计	1480043.000	1496135.500	1488272.500
平均值 J-T 统计	1335594.000	1335594.000	1335594.000
J-T 统计的标准差	22606.417	22898.711	22878.898
标准 J-T 统计	6.390	7.011	6.673
渐近显著性(双尾)	0.000	0.000	0.000

a.分组变量:"一区两群"代码。

通过对国际理解教育课程的希望度、满意度、理解程度与"quyuCode"进行交叉表分析,在此基础上对得到的交叉表结果进行计算,根据满意度和希望度的选项分别赋分"5、4、3、2、1",在此基础上计算得出都市区"你希望有更多国际理解教育课程/活动吗"希望度得分为 4.00 分,满意度得分为 3.45 分,差值为0.55 分;渝东北城镇区希望度得分为 3.61 分,满意度得分为 3.12 分,差值为0.49 分;渝东南城镇区希望度得分为 3.70 分,满意度得分为 3.11 分,差值为0.59分;渝东南城镇区学生对国际理解教育课程满意度和期望度的差距最大(结果见图 3-14)。另外,将学生对国际理解教育课程的理解程度进行赋分,学生"都能理解并可以提出自己的看法"赋 4 分,"老师讲的都能理解但没有自己的看法"赋 3 分,"有些能理解,有些太深奥不能理解"赋 2 分,"离自己太遥远,不能

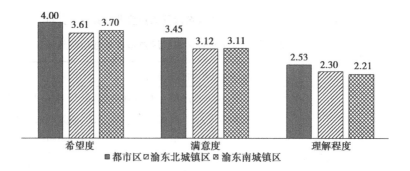

图 3-14 "一区两群"学生对国际理解教育课程的满意度、希望度和理解程度得分统计图

理解"赋 1 分,计算得出都市区学生对国际理解教育课程/活动内容的理解程度 (2.53 分)高于渝东北城镇区(2.30 分),高于渝东南城镇区(2.21 分),但是总体 上重庆市"一区"和"两群"的学生对国际理解教育课程内容的理解程度都有待 提高。

(二)"一区两群"国际理解教育目标达成度比较

针对不同区域(都市区、渝东北城镇区、渝东南城镇区)的国际理解教育目 标达成度进行差异性比较,在 SPSS 中打开 xueshengjuan.Sav,进入"数据视图" 之下,选择菜单"分析"—"表"—"定制表"命令。在"定制表"对话框中,从左侧 的列表中选择"你在国际理解教育课程/活动参与过程中学到了什么?"的 9 个 题项,并把它添加到右侧的"行"列表框中,再从左侧的列表中选择变量 "quyuCode",并把它添加到右侧的"列"列表框中。单击右上角的"统计"按钮 打开"统计量"对话框,选择"卡方"复选框,单击"继续",单击"确定"按钮,启动 交叉表的检验过程。

从得出的卡方检验结果中发现(表 3-26),9 个题项中除"了解人类面临的 全球性挑战(如饥饿、战争、气候等问题)"这一题项的渐进显著性系数为 0.363, 大于 0.05,与重庆市"一区两群"不存在显著性差异之外,其他选项的卡方检验 结果均小于 0.05,与"一区两群"之间存在显著性差异。

表 3-26　"一区两群"国际理解教育目标达成度卡方检验结果

皮尔逊卡方检验									
		12(A.对人类文明和世界发展的认识)	12〔B.了解人类面临的全球性挑战(如饥饿、战争、气候等问题)〕	12(C.理解人类命运共同体的内涵与价值)	12(D.懂得以国际视角看待国际问题)	12(E.对不同群体、观点、文化的接纳能力)	12(F.与不同国家的人际沟通交流能力)	12(G.感受到自己作为世界公民的责任)	12(H.提升民族自豪感和自信心)	12(I.其他方面)
"一区两群"代码	卡方	28.974	2.028	8.410	10.617	19.572	21.095	45.155	51.412	10.336
	自由度	2	2	2	2	2	2	2	2	2
	显著性	0.000*	0.363	0.015*	0.005*	0.000*	0.000*	0.000*	0.000*	0.006*

结果基于每个最内部子表的非空行和列。

*卡方统计在 0.05 级别显著。

　　进一步将定制表的数据进行整合绘制后得出如图 3-15 所示,从图 3-15 中可以看出,都市区学生在国际理解教育课程中学到的内容的各个维度均高于城镇区,特别是在"对人类文明和世界发展的认识"与"提升民族自豪感和自信心"两个维度的差距较大;其次,渝东南城镇区在前六个题项上均略高于渝东北城镇区。在"感受到自己作为世界公民的责任"和"提升民族自豪感和自信心"方面,渝东北城镇区略高于渝东南城镇区。

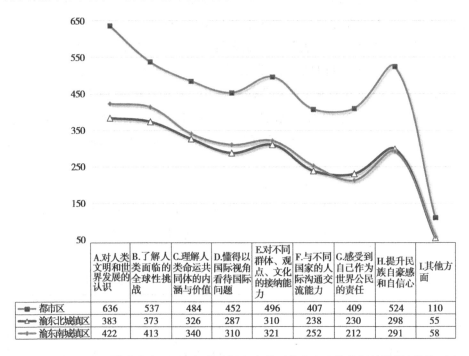

	A.对人类文明和世界发展的认识	B.了解人类面临的全球性挑战	C.理解人类命运共同体的内涵与价值	D.懂得以国际视角看待国际问题	E.对不同群体、观点、文化的接纳能力	F.与不同国家的人际沟通交流能力	G.感受到自己作为世界公民的责任	H.提升民族自豪感和自信心	I.其他方面
都市区	636	537	484	452	496	407	409	524	110
渝东北城镇区	383	373	326	287	310	238	230	298	55
渝东南城镇区	422	413	340	310	321	252	212	291	58

图 3-15　"一区两群"学生在国际理解教育课程中学到的内容比较分析统计图(单位:人)

四、重庆市"一区两群"儿童国际理解教育师资培养比较

(一)"一区两群"教师国际理解素养比较

　　针对不同区域(都市区、渝东北城镇区、渝东南城镇区)的教师国际理解教育素养是否存在差异,在 SPSS 中打开 jiaoshijuan.Sav,进入"数据视图"之下,选择菜单"分析"—"表"—"定制表"命令,打开如图 3-16 所示对话框。在"交叉表"对话框中,从左侧的列表中选择"教师应该具备的素养"的 11 个题项,并把它添加到右侧的"行"列表框中,再从左侧的列表中选择变量"quyuCode",并把它添加到右侧

图 3-16　"一区两群"教师国际理解素养定制表分析

的"列"列表框中。在"检验统计"栏中选择"独立性卡方检验"按钮,单击"确定",
启动定制表的检验过程,其操作过程和卡方检验结果如表 3-27 所示。从结果中
发现,卡方检验的渐近显著性系数小于 0.05 的题项只有"了解中华民族的历史和
文化",其他题项与区域之间均不存在显著的差异性,因此教师应了解中华民族历
史和文化的素养与"一区两群"之间存在显著相关性。

表 3-27　"一区两群"教师国际理解素养卡方检验结果

皮尔逊卡方检验		A.了解中华民族的历史和文化	B.了解世界各民族的历史和文化	C.认识中国与世界的关系	D.认识全球面临的主要政治、经济、社会问题	E.具备人类命运共同体意识	F.不断学习新知识的能力	G.包容不同文化的信仰、价值和传统	H.与不同民族/国籍学生沟通交流的能力	I.课堂组织的能力	J.对国际理解教育的热情	K.其他
"一区两群"代码	卡方	9.538	2.264	0.843	0.455	0.569	2.718	0.434	1.160	1.312	1.359	0.153
	自由度	2	2	2	2	2	2	2	2	2	2	2
	显著性	0.008*	0.322	0.656	0.797	0.752	0.257	0.805	0.560	0.519	0.507	0.927

结果基于每个最内部子表的非空行和列。

* 卡方统计在 0.05 级别显著。

进一步将交叉表结果绘制为"一区两群"与教师国际理解教育素养的折线图如图 3-17 所示,从图 3-17 中也可以看出"一区两群"教师在国际理解素养的选择上差距不大,基本趋同,只有在 A 选项"了解中华民族的历史和文化"方面有一定差异。总体上,都市区比城镇区更加关注"了解中华民族和世界各民族的历史和文化",同时更加重视教师"不断学习、充实新知识"的能力。

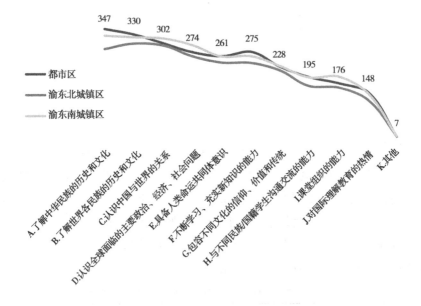

图 3-17　"一区两群"教师国际理解素养统计图

(二)"一区两群"国际理解教育课题研讨比较

针对不同区域国际理解教育课题研讨情况的差异性分析,在 SPSS 中打开 jiaoshijuan.Sav,进入"数据视图"之下,选择菜单"分析"—"描述统计"—"交叉表"命令,打开"交叉表"对话框,从左侧的列表中选择"你是否参加过国际理解教育相关会议或研讨""你是否主持或参加过国际理解教育相关课题和研究"两个变量,并把它添加到右侧的"行"列表框中,再从左侧的列表中选择变量"quyuCode"添加到右侧的"列"列表框中。单击"统计"打开"统计量"对话框,选择"卡方"复选框,单击"确定"启动交叉表的检验过程。

从"一区两群"国际理解教育相关会议研讨的卡方检验结果(表 3-28)中可以看出,右侧渐进显著性(双侧)系数均小于 0.05,说明存在显著性差异。进一步从交叉表 3-29 中可以看出,"都市区"教师参加过国际理解教育会议研讨的教师有 184 人,多于渝东北城镇区的 162 人,多于渝东南城镇区的 124 人,由此可见,处于重庆市都市区的教师参加国际理解教育课题研讨的频率较高。

表 3-28　"一区两群"国际理解教育会议研讨卡方检验结果

你是否参加过国际理解教育相关会议或研讨?—"一区两群"代码卡方检验			
	值	自由度	渐进显著性(双侧)
皮尔逊卡方	23.186[a]	2	0.000
似然比	23.742	2	0.000
线性关联	20.371	1	0.000
有效个案数(份)	1441		

a. 0 个单元格（0.0%）的期望计数小于 5。最小期望计数为 147.75。

表 3-29　"一区两群"国际理解教育会议研讨交叉表结果

单位:人

你是否参加过国际理解教育相关会议或研讨?—"一区两群"代码交叉表					
计数					
		"一区两群"代码			总计
		都市区	渝东北城镇区	渝东南城镇区	
13.你是否参加过国际理解教育相关会议或研讨?	有	184	162	124	470
	无	300	291	380	971
总计		484	453	504	1441

从"一区两群"国际理解教育课题研究的卡方检验结果中同样可以看出,右侧渐进显著性(双侧)系数均小于 0.05,说明存在显著性差异(表 3-30)。进一步从交叉表 3-31 中可以看出,处于"都市区"的教师主持或参与国际理解教育相关课题研究的比例明显高于城镇区,且渝东北城镇区参与课题研究的比例也要高于渝东南城镇区,但参与会议研讨的比例又要低于渝东南城镇区。这可能和国际理解教育的资源分配、区县教委领导的理念认知及当地国际理解教育的

发展现状有关系。

表 3-30 "一区两群"国际理解教育课题研究卡方检验结果

你是否主持或参加过国际理解教育相关课题和研究？—"一区两群"代码卡方检验			
	值	自由度	渐进显著性（双侧）
皮尔逊卡方	27.678[a]	4	0.000
似然比	27.886	4	0.000
线性关联	22.850	1	0.000
有效个案数（份）	1441		

a.0 个单元格（0.0%）的期望计数小于 5。最小期望计数为 21.38。

表 3-31 "一区两群"国际理解教育课题研究交叉表结果

单位：人

你是否主持或参加过国际理解教育相关课题和研究？—"一区两群"代码交叉表					
计数					
		"一区两群"代码			总计
		都市区	渝东北城镇区	渝东南城镇区	
14.你是否主持或参加过国际理解教育相关课题和研究？	主持	34	16	18	68
	参研	120	105	75	300
	没有	330	332	411	1073
总计		484	453	504	1441

五、重庆市"一区两群"儿童国际理解教育外界保障差异

（一）"一区两群"国际理解教育政策比较

在 SPSS 中打开 jiaoshijuan.Sav，进入"数据视图"之下，选择菜单"分析"—"描述统计"—"交叉表"命令，在"交叉表"对话框中，将"贵校是否有开展国际理解教育相关的文件或工作方案"与变量"quyuCode"之间进行卡方检验和交叉表分析。

从分析结果可以看出,"一区两群"和"是否有开展国际理解教育的相关文件或工作方案"之间的交叉频数和"卡方检验"情况,从"卡方检验"表格右侧的"渐进显著性(双侧)"列可以看出,各种方式的检验概率值均小于 0.05(表 3-32)。由此可以得出结论:不同区域的学校在国际理解教育政策文件或工作方案的准备上存在显著性差异,且都市区学校国际理解教育政策文件要比城镇区更加完备一些(表 3-33)。

表 3-32 "一区两群"国际理解教育政策卡方检验结果

卡方检验			
	值	自由度	渐进显著性(双侧)
皮尔逊卡方	35.879[a]	2	0.000
似然比	36.044	2	0.000
线性关联	35.421	1	0.000
有效个案数(份)	1441		

a.0 个单元格（0.0%）的期望计数小于 5。最小期望计数为 212.20。

表 3-33 "一区两群"国际理解教育政策交叉表结果

单位:人

12.贵校是否有开展国际理解教育的相关文件或工作方案? —"一区两群"代码交叉表					
计数					
		"一区两群"代码			总计
		都市区	渝东北城镇区	渝东南城镇区	
12.贵校是否有开展国际理解教育的相关文件或工作方案?	有	276	207	192	675
	无	208	246	312	766
总计		484	453	504	1441

进一步将学校是否有国际理解教育文件方案与具体的学校所在区县进行交叉分析,可以非常明确地得出不同区县国际理解教育文件和工作方案的设置情况,具体如表 3-34 所示,从表 3-34 中可以看出,17 个区县中选择"有"多于

"无"的区县有重庆市都市区的南岸区、沙坪坝区、涪陵区、渝北区、渝中区,渝东北城镇区的忠县和万州区,渝东南城镇区的黔江区,这一结果恰好回应了前面的分析结果,作为重庆市渝东南所在区县应加强国际理解教育相关文件和工作方案、工作制度的建立和完善,通过学校国际理解教育活动的开展做好引领。

表 3-34 "一区两群"国际理解教育政策文件比较

单位:人

区域分布		A.有	B.无	小计
都市区	南岸区	63(52.07%)	58(47.93%)	121
	沙坪坝区	82(70.69%)	34(29.31%)	116
	綦江区	32(38.55%)	51(61.45%)	83
	涪陵区	39(56.52%)	30(43.48%)	69
	渝北区	34(58.62%)	24(41.38%)	58
	渝中区	8(80%)	2(20%)	10
渝东北城镇区	奉节县	52(48.60%)	55(51.40%)	107
	巫溪县	43(50%)	43(50%)	86
	开州区	30(39.47%)	46(60.53%)	76
	丰都县	27(36.99%)	46(63.01%)	73
	垫江县	17(37.78%)	28(62.22%)	45
	忠县	27(61.36%)	17(38.64%)	44
	万州区	11(61.11%)	7(38.89%)	18
渝东南城镇区	酉阳县	45(31.47%)	98(68.53%)	143
	秀山县	45(35.43%)	82(64.57%)	127
	彭水县	42(34.43%)	80(65.57%)	122
	黔江区	60(53.57%)	52(46.43%)	112

(二)"一区两群"学校开展国际理解教育课程的困难比较

在 SPSS 中对 jiaoshijuan.Sav 数据中"学校开展国际理解教育课程存在哪些困难"与"一区两群"区域代码进行定制表分析,发现其卡方检验结果显示渐进显著性系数均大于 0.05,表明重庆市"一区两群"的学校在开展国际理解教育课程过程中遇到的困难不存在显著性差异。进一步将其频数统计结果进行汇总后得出如图3-18所示的统计结果，从图3-18中可以看出，"都市区"与"渝东南城镇区"在开展国际理解教育课程过程中遇到的问题所占比例差不多，渝东南城镇区在"缺少来自学校、政府的大力支持""升学压力挤占国际理解教育的课程和活动""安全因素""缺少国际理解教育相关的教师培训""缺少专职专岗教师""缺少可用的教材""缺乏国际理解教育相关科研项目"等方面的困难略高于都市区和渝东北城镇区。都市区在"缺少国际理解教育相关课程资源"和"缺乏对外交流的机会"两个方面的困难度比城镇区更高。

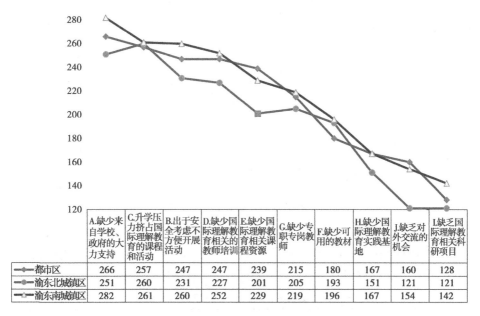

	A.缺少来自学校、政府的大力支持	C.升学压力挤占国际理解教育的课程和活动	B.出于安全考虑不方便开展活动	D.缺少国际理解教育相关的教师培训	E.缺少国际理解教育相关课程资源	G.缺少专职专岗教师	F.缺少可用的教材	H.缺少国际理解教育实践基地	J.缺乏对外交流的机会	L.缺乏国际理解教育相关科研项目
都市区	266	257	247	247	239	215	180	167	160	128
渝东北城镇区	251	260	231	227	201	205	193	151	121	121
渝东南城镇区	282	261	260	252	229	219	196	167	154	142

图3-18 "一区两群"学校开展国际理解教育课程的困难折线统计图（单位：人）

六、重庆市"一区两群"儿童国际理解教育素养水平差异

（一）儿童国际理解素养水平的差异性分析

儿童国际理解素养水平以"全球胜任力"指标为依据，从"探索世界""认识观点""交流想法""采取行动"四个维度进行测评。课题组采用IBM SPSS菜单"分析"—"描述统计"—"频率统计"和"探索性因子分析"，从样本的条形统计图可以看出其数据分布基本符合正态分布，进一步从正态Q-Q图也可以看出其实测值

接近于期望正态值(图3-19),可以看作儿童国际理解教育素养水平四个维度的得分服从正态分布。进一步通过"分析"—"比较平均值"—"单样本T检验"进行显著性差异分析,给定检验值为3,得出的单样本T检验结果见表3-35。

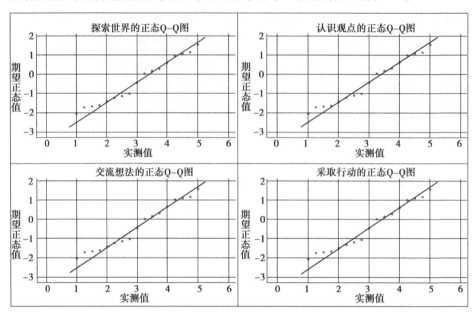

图 3-19　儿童国际理解素养水平正态 Q-Q 图

从表3-35可以看出,儿童国际理解素养水平四个维度单样本检验表显著性(双尾)值均小于0.05,即拒绝原假设,说明探索世界、认识观点、交流想法、采取行动四个维度得分与检验值3分之间差异具有统计学意义,差异显著。

表 3-35　儿童国际理解素养水平单样本 T 检验结果

单样本检验						
	检验值 = 3					
	t	自由度	显著性(双尾)	平均值差值	差值 95% 置信区间	
					下限	上限
探索世界	15.903	1440	0.000	0.40493	0.3550	0.4549
认识观点	15.157	1440	0.000	0.38584	0.3359	0.4358
交流想法	16.021	1440	0.000	0.40198	0.3528	0.4512
采取行动	16.379	1440	0.000	0.40545	0.3569	0.4540

进一步对儿童国际理解素养水平数据进行相关性分析,结果如表 3-36 所示,从表 3-36 中数据可以看出,儿童国际理解素养四个指标之间存在显著相关性。

表 3-36　儿童国际理解素养水平相关性分析结果

相关性		探索世界	认识观点	交流想法	采取行动
探索世界	皮尔逊相关性	1	0.922**	0.903**	0.884**
	显著性(双尾)		0.000	0.000	0.000
认识观点	皮尔逊相关性	0.922**	1	0.940**	0.919**
	显著性(双尾)	0.000		0.000	0.000
交流想法	皮尔逊相关性	0.903**	0.940**	1	0.938**
	显著性(双尾)	0.000	0.000		0.000
采取行动	皮尔逊相关性	0.884**	0.919**	0.938**	1
	显著性(双尾)	0.000	0.000	0.000	

＊＊在 0.01 级别(双尾),相关性显著。

进一步采用菜单"分析"—"非参数检验"—"旧对话框"—"2 个相关样本"命令。在"两关联样本检验"对话框中,从左侧选择变量"探索世界"添加到"检验对"的第 1 对的"Variable1"中,同理把变量"认识观点"添加到"检验对"的第 1 对的"Variable2"中。按照相同的方法依次把变量"认识观点"和"交流想法"对添加到"检验对"的第 2 对中,把变量"交流想法"和"采取行动"对添加到"检验对"的第 3 对中,把变量"采取行动"和"探索世界"对添加到"检验对"的第 4 对中;选中"检验类型"中的"Wilcoxon"复选框,单击"确定"按钮,启动数据分析过程,结果如表 3-37 和表 3-38 所示。

表 3-37　儿童国际理解素养水平非参数检验秩的结果

秩		个案数(份)	秩平均值	秩的总和
认识观点—探索世界	负秩	277[a]	272.47	75473.00
	正秩	244[b]	247.98	60508.00
	绑定值	920[c]		
	总计	1441		

续表

		个案数(份)	秩平均值	秩的总和
交流想法—认识观点	负秩	222[d]	244.16	54202.50
	正秩	265[e]	243.87	64625.50
	绑定值	954[f]		
	总计	1441		
采取行动—交流想法	负秩	230[g]	236.54	54405.00
	正秩	233[h]	227.52	53011.00
	绑定值	978[i]		
	总计	1441		
探索世界—采取行动	负秩	285[j]	292.27	83298.00
	正秩	294[k]	287.80	84612.00
	绑定值	862[l]		
	总计	1441		

a.认识观点 < 探索世界。

b.认识观点 > 探索世界。

c.认识观点 = 探索世界。

d.交流想法 < 认识观点。

e.交流想法 > 认识观点。

f.交流想法 = 认识观点。

g.采取行动 < 交流想法。

h.采取行动 > 交流想法。

i.采取行动 = 交流想法。

j.探索世界 < 采取行动。

k.探索世界 > 采取行动。

l.探索世界 = 采取行动。

从表3-37可以获得以下结论,本分析是基于Wilcoxon算法的差异性检验,统计结果分别显示了"认识观点—探索世界"对、"交流想法—认识观点"对、"采取行动—交流想法"对、"探索世界—采取行动"对的秩分及其符号情况。

而表 3-38 显示出"认识观点—探索世界"的"渐进显著性（双侧）"值为 0.027，其值<0.05，说明儿童国际理解素养的认识观点和探索世界两个维度存在显著性差异。同理，"采取行动—交流想法"的"渐进显著性（双侧）"值为 0.806，其值>0.05，说明采取行动和交流想法两个维度不存在显著性差异。

表 3-38　儿童国际理解素养水平非参数检验统计结果

检验统计[a]				
	认识观点—探索世界	交流想法—认识观点	采取行动—交流想法	探索世界—采取行动
Z	-2.205[b]	-1.712[c]	-0.246[b]	-0.165[c]
渐近显著性（双尾）	0.027	0.087	0.806	0.869

a.威尔科克森符号秩检验。

b.基于正秩。

c.基于负秩。

（二）不同性别的儿童国际理解素养水平差异性分析

在 SPSS 中打开 jiaoshijuan.Sav，进入"数据视图"之下，选择菜单"分析"—"非参数检验"—"旧对话框"—"2 个独立样本"命令，打开如图 3-20 所示对话框。在"两个独立样本检验"对话框中，从左侧选择变量"探索世界""认识观点""交流想法""采取行动"添加到"检验变量列表"列表框中；接着把变量"xingbie"添加到"分组变量"列表框中，并利用"定义组"按钮把两个组的取值设置为"1"和"2"。在"两关联样本检验"对话框中，选中"检验类型"中的"曼-惠特尼 U"复选框和"柯尔莫戈洛夫-斯米诺夫 Z"复选框，单击"确定"按钮，启动数据分析过程。

通过双独立样本检验，得出如表 3-39 所示的统计结果。基于"曼-惠特尼检验"算法的数据分析结论给出了男生、女生在"探索世界""认识观点""交流想法""采取行动"上的秩的分布情况和检验统计结果，其"渐近显著性（双向）"均小于 0.05，说明依据"曼-惠特尼检验"，男生和女生在儿童国际理解素养的四个维度存在显著性差异。

基于"双样本柯尔莫戈洛夫-斯米诺夫检验"算法的数据分析结论（表 3-40），

给出了男生、女生的频率分布情况和本次检验的检验概率值,其值为0.001、0.000,均小于0.05。两种算法的检验结果一致,说明男生和女生在儿童国际理解素养的"探索世界""认识观点""交流想法""采取行动"维度存在显著性差异。

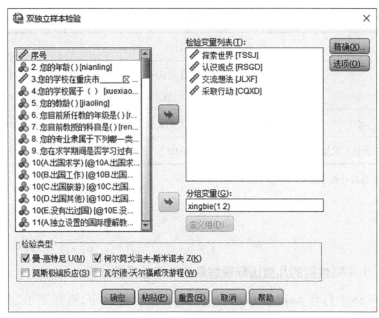

图 3-20 不同性别的儿童国际理解素养双独立样本检验

表 3-39 性别与儿童国际理解素养双独立样本 T 检验结果 1

检验统计ᵃ				
	探索世界	认识观点	交流想法	采取行动
曼-惠特尼 U	204102.000	200191.500	198634.000	203482.500
威尔科克森 W	639813.000	635902.500	634345.000	639193.500
Z	−4.444	−4.978	−5.188	−4.535
渐近显著性(双尾)	0.000	0.000	0.000	0.000

a.分组变量:1.您的性别是(   )。

表 3-40　性别与儿童国际理解素养双独立样本 T 检验结果 2

检验统计a		探索世界	认识观点	交流想法	采取行动
最极端差值	绝对	0.105	0.128	0.131	0.108
	正	0.105	0.128	0.131	0.108
	负	0.000	0.000	0.000	0.000
柯尔莫戈洛夫-斯米诺夫 Z		1.912	2.319	2.385	1.964
渐近显著性(双尾)		0.001	0.000	0.000	0.001

a.分组变量:1.您的性别是(　　)。

　　进一步将男生、女生以及总的国际理解素养水平的得分进行汇总统计为条形图(图 3-21),从中可以看出男教师对学生探索世界、认识观点、交流想法、采取行动四个维度的得分普遍高于女教师,且均高于平均值。特别是在认识观点和交流想法两个维度的差距大于采取行动和探索世界两个维度。

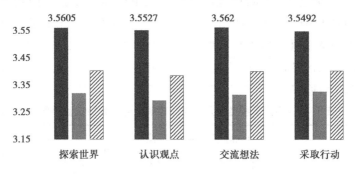

图 3-21　不同性别的儿童国际理解素养水平统计图

(三)不同学校类型儿童国际理解素养水平差异性分析

　　针对不同学校类型的儿童国际理解素养水平是否存在差异,在 SPSS 中打开 jiaoshijuan.Sav,进入"数据视图"之下,借助"分析"—"非参数检验"—"旧对话框"—"K 个独立样本"命令打开如图 3-22 所示对话框。在"多个独立样本检验"对话框中,从左侧选择变量"探索世界""认识观点""交流想法""采取行动"添加到"检验变量列表"列表框中;接着把变量"xuexiaoleixing"添加到"分组变量"列表框中,并利用"定义范围"按钮把范围设置为"1"和"6"。在"检验类型"中选择"约克海尔-塔帕斯特拉"复选框,单击"确定"按钮,启动数据分析过程。

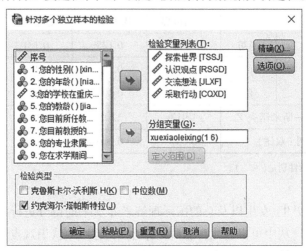

图 3-22　不同学校类型儿童国际理解素养非参数检验分析

基于"约克海尔-塔帕斯特拉检验"算法分组计算 K 个独立序列的差异性检验,获得如表 3-41 所示的检验结论,面向国际理解素养水平的学校类型差异性检验,其检验概率值为 0.000<0.05,说明不同学校类型(如省市重点中小学、省市普通中小学、区县普通中小学、乡镇完全小学、村小等)的儿童国际理解素养水平存在显著性差异。

表 3-41　不同学校类型儿童国际理解素养非参数检验结果

约克海尔-塔帕斯特拉检验[a]			
	探索世界	认识观点	交流想法	采取行动
4.您的学校属于(　　)中的级别数	6	6	6	6
个案数(份)	1441	1441	1441	1441
实测 J-T 统计	384699.000	381694.000	379954.000	386938.500
平均值 J-T 统计	420312.500	420312.500	420312.500	420312.500
J-T 统计的标准差	8760.488	8750.952	8752.352	8745.448
标准 J-T 统计	−4.065	−4.413	−4.611	−3.816
渐近显著性(双尾)	0.000	0.000	0.000	0.000

a.分组变量:4.您的学校属于(　　)。

　　进一步将不同学校类型与国际理解素养水平进行定制表分析,并将统计结果绘制成如图3-23所示雷达图。从图3-23中可以明显看出省市重点中小学四个维度的国际理解素养水平最高,农村中小学国际理解素养水平得分最低,归纳起来可以发现重点中小学(包括省市重点中小学和区县重点中小学)的国际理解素养水平得分高于普通中小学(包括省市普通中小学和区县普通中小学),高于乡镇完全小学/乡镇九年一贯制学校,高于农村中小学。由此可见不同学校类型间儿童国际理解素养水平有较大差异,缩短城乡基础教育差距,全面提高儿童国际理解素养水平仍有待努力。

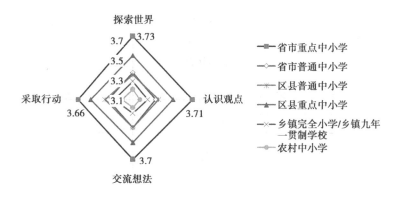

图3-23　不同学校类型儿童国际理解素养水平比较雷达图

(四)不同区域的儿童国际理解素养水平差异性分析

　　针对不同区域(都市区、渝东北城镇区、渝东南城镇区)的儿童国际理解素养水平是否存在差异,在SPSS中打开jiaoshijuan.Sav,进入"数据视图"之下,借助"分析"—"非参数检验"—"旧对话框"—"K个独立样本"命令打开如图3-24所示对话框。在"多个独立样本检验"对话框中,从左侧选择变量"探索世界""认识观点""交流想法""采取行动"添加到"检验变量列表"列表框中;接着把变量"quyuCode"添加到"分组变量"列表框中,并利用"定义范围"按钮把范围设置为"50"和"52"。在"检验类型"中选择"约克海尔-塔帕斯特拉"复选框,单击"确定"按钮,启动数据分析过程。

　　基于"约克海尔-塔帕斯特拉检验"算法分组计算K个独立序列的差异性检验,获得如表3-42所示的检验结论,面向"一区两群"三个不同区域的国际理解素养水平差异性检验,其检验概率值分别为0.033、0.011、0.004、0.041,均小于

0.05,说明地处不同区域的儿童国际理解素养水平存在显著性差异。

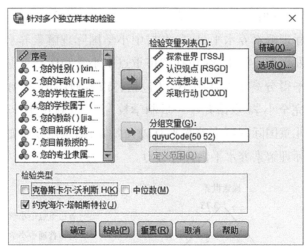

图 3-24 不同区域儿童国际理解素养非参数检验分析

表 3-42 不同区域儿童国际理解素养非参数检验结果

约克海尔-塔帕斯特拉检验ª				
	探索世界	认识观点	交流想法	采取行动
"一区两群"代码中的级别数	3	3	3	3
个案数(份)	1441	1441	1441	1441
实测 J-T 统计	327803.500	324272.000	321593.000	328588.500
平均值 J-T 统计	345750.000	345750.000	345750.000	345750.000
J-T 统计的标准差	8427.334	8418.164	8419.510	8412.871
标准 J-T 统计	−2.130	−2.551	−2.869	−2.040
渐近显著性(双尾)	0.033	0.011	0.004	0.041

a.分组变量:"一区两群"代码。

　　进一步将区域与儿童国际理解素养的 16 个指标项借助"分析"—"非参数检验"—"旧对话框"—"K 个独立样本"命令进行如图 3-25 所示非参数检验。

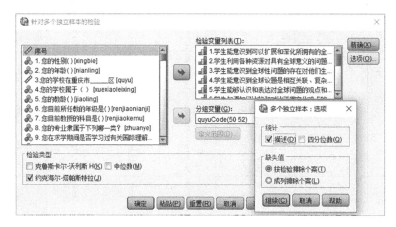

图 3-25　不同区域儿童国际理解素养 K 独立样本检验分析

从描述统计结果中可以看出每个指标项的平均得分及标准偏差、最小值和最大值。从"约克海尔-塔帕斯特拉检验"算法分组计算 K 个独立序列的差异性检验结果发现（表 3-43），大部分指标项的渐进显著性系数小于 0.05，存在显著性差异；其中 Q2、Q7、Q15、Q16 的渐进显著性系数分别为 0.155、0.064、0.205和 0.133，大于 0.05，不存在显著性差异。

进一步将重庆市"一区两群"与"探索世界""认识观点""交流想法""采取行动"进行定制表分析，并将结果统计如图 3-26 所示，从图 3-26 中可以明显看出都市区学生国际理解素养水平高于渝东北城镇区，高于渝东南城镇区，其中在"交流想法"维度都市区与渝东南城镇区差距最大，在"采取行动"维度都市区

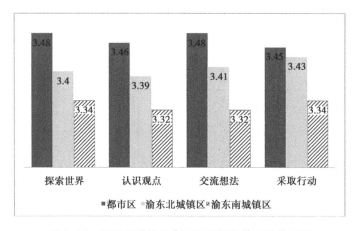

图 3-26　不同区域的儿童国际理解素养水平统计图

表3-43 不同区域儿童国际理解素养K独立样本检验结果

约克海尔-塔帕斯特拉检验[a]

	Q1	Q2	Q3	Q4	Q5	Q6	Q7	Q8	Q9	Q10	Q11	Q12	Q13	Q14	Q15	Q16
"一区两群"代码中的级别数	3	3	3	3	3	3	3	3	3	3	3	3	3	3	3	3
个案数	1441	1441	1441	1441	1441	1441	1441	1441	1441	1441	1441	1441	1441	1441	1441	1441
实测J-T统计	323712.000	334157.500	326173.500	325692.500	327689.500	322768.500	330631.500	326265.500	326299.000	321018.500	323197.000	324066.000	326385.000	323334.000	335404.500	333501.000
平均值J-T统计	345750.000	345750.000	345750.000	345750.000	345750.000	345750.000	345750.000	345750.000	345750.000	345750.000	345750.000	345750.000	345750.000	345750.000	345750.000	345750.000
J-T统计的标准差	8135.693	8154.626	8168.398	8177.415	8147.117	8142.159	8162.208	8140.710	8127.623	8128.302	8173.179	8128.067	8152.494	8130.420	8154.991	8152.130
标准J-T统计	-2.709	-1.422	-2.397	-2.453	-2.217	-2.823	-1.852	-2.393	-2.393	-3.043	-2.759	-2.668	-2.375	-2.757	-1.269	-1.503
渐近显著性（双尾）	0.007	0.155	0.017	0.014	0.027	0.005	0.064	0.017	0.017	0.002	0.006	0.008	0.018	0.006	0.205	0.133

a.分组变量："一区两群"代码。

与渝东北城镇区差不多。结合不同学校类型与国际理解素养水平的差异,可以看出缩小城乡教育差距,开展公平而有质量的国际理解教育实践是基础教育发展的重要目标。

最后,将"一区两群"与儿童国际理解教育素养水平的16个具体指标进行定制表分析,其分析结果与"非参数检验"的结果相一致,在解读定制表信息发现,不同区域儿童国际理解素养水平16个指标的得分从高到低依次为都市区、渝东北城镇区、渝东南城镇区(图3-27)。特别的是,有关"学生能意识到全球议题是相互关联、复杂且富有挑战性、不断发生变化的"这一指标的得分,渝东北城镇区和渝东南城镇区相同;得分最低的3个指标分别在"采取行动"和"交流想法"两个维度,依次为:Q15—学生能够对国际议题进行影响力评估(3.31分),Q16—学生能够评估不同国家不同文化对全球发展的影响(3.32分),Q11—学生能够使用多种媒体(如微信、Facebook等)与不同文化、不同国家的人进行沟通交流(3.35分)。渝东北城镇区的得分与总体平均分基本一致,渝东南城镇区儿童国际理解素养水平均低于总体平均分。

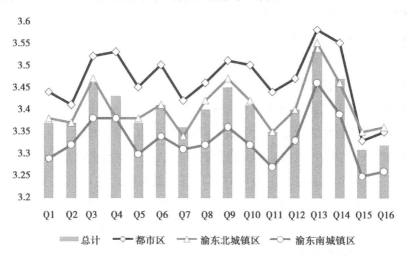

图3-27 不同区域的儿童国际理解素养具体指标统计图

第四章　重庆市儿童国际理解教育调研结论

一、重庆市儿童国际理解教育教师的理念认知有限

（一）教师对国际理解教育的认识深度有限

教师对国际理解教育概念的理解总体来说还处于浅层次，表现在对国际理解教育概念内涵的认知有所欠缺。从调查的数据分析来看，56.56%的教师认为国际理解教育即指教育国际化背景下产生的教育理念，包括与"国际"有关的所有教育内容。52.81%的教师认为国际理解教育侧重于让学生比较中外文化差异，认为国际理解教育是了解国外文化、学习西方发达国家语言文化，对于国际理解教育的内涵、价值和人类命运共同体的认识深度不足。在对国际理解教育概念不清楚的236名教师群体中，农村中小学和乡镇完全小学的教师占到了近50%。0.62%的教师表示第一次听说"国际理解教育"这一概念。

从城乡对比来看，教师对国际理解教育的认识与学校的区域位置和发展水平有关系，主城和区县城区的教师对国际理解教育概念的认识高于乡村教师。越是本土的，就越是世界的。国际理解教育不是高高在上的精英学校才能参与的活动，而是应该在人类命运共同体建设中，实现国际理解教育的本土化。重庆是西部地区直辖市，具有大城市带动大农村的特点，山水之城的特点。三峡库区和武陵山区民族地区国际教育资源丰富、特色鲜明，应该是国际理解教育的应有之义。

重庆市"一区两群"教师群体在教育背景和经历以及对国际理解教育概念的认识上，不存在显著性差异，他们普遍能认识到国际理解教育是学习西方发达国家的文化教育和培养学生全球胜任力和公民素养的教育。但是"一区两

群"教师群体之间对国际理解教育是培养学生国际竞争力的教育和培养学生人类命运共同体意识上的教育存在显著性差异。主城都市区教师对国际理解教育的认识深度要高于渝东南城镇区和渝东北城镇区教师,比如,主城都市区教师更加认同国际理解教育就是教育国际化背景下产生的教育理念,国际理解教育是帮助学生建立文化自信的教育。

(二)教师对国际理解教育的认识广度有限

总体来说,教师对国际理解教育的价值认识还不够全面,表现在对国际理解教育目标的认知不够全面。

接受问卷调查的1441名教师中,66.34%以上的教师认为国际理解教育课程应重视文化多样性,增进文化理解,促进文化认同与尊重,52.81%的教师认为国际理解教育侧重于让学生比较中外文化差异,45.66%的教师认为国际理解教育课程目标是建构行为共生策略。仅有0.62%的教师对国际理解教育课程目标表示"不知道",这部分教师主要是教龄在1~3年的农村小学教师,没有出国经历且在求学期间没有接受过国际理解教育相关的学习,学校没有开设国际理解教育相关活动,且对国际理解教育概念不清楚,因此导致其对国际理解教育的培养目标不清晰。

在提到对国际理解教育课程重要性的访谈中,大部分教师都表示很支持国际理解教育课程的开展,认为国际理解教育一方面可以加强学生传统文化教育,加强民族认同感,增强文化自信;另一方面,能够提升学生的国际视野,提升学生的格局,培养他们看待世界的眼光。重庆市"一区两群"教师群体对国际理解教育目标的认识大部分是一致的,都认为有助于文化多样性、中外文化差异、促进文化认同与尊重、构建行为共生策略,但是在国际理解教育目标是增进文化理解的认识上有所不同。

教师对国际理解教育的认识深度和广度不足的原因有多方面:

从教师自身来看,多数教师国际理解教育教学理念还没有转变。国际理解教育并非只有跨文化和国际化的向度。国际理解教育不只包括国际的文化理解,更包括国内各民族间的文化理解。我国国际理解教育包括民族教育,将民族教育的诸多问题置于国际理解教育的大背景下进行诠释。我国民族教育是在中华民族多元一体格局的理念前提下实施的,包括对少数民族学生和汉族学生的教育,旨在增进各民族间的团结合作。而在国际理解教育视野下的民族教育更具有文化间的相互理解接纳等特征①。重庆渝东北地区,尤其是整个渝东南武陵山区,包括酉阳、秀山、黔江、彭水、石柱及武隆部分地方都是土家族、苗族、仡佬族等民族聚集地,千百年来,土家族、苗族、汉族、仡佬族等各族人民在这块土地上聚族而居,形成了独特的民族风格和民族文化,这部分民族教育的国际理解教育开发和利用还处于空白状态,亟待有识之士开发利用。

从重庆市所处的地理和文化环境看,教育部门引导教师重视儿童国际理解教育的程度不足。重庆是西部大开发的重要战略支点,处在"一带一路"和长江经济带的联结点,在国家区域发展和对外开放格局中具有独特而重要的作用。加快建设内陆开放高地,重庆正当其时,前景广阔,大有可为。林毅夫教授认为,将成渝地区双城经济圈建设成中国"第四极"绝对是一个可以实现的理想。成渝地区成为中国继长三角、珠三角、京津冀之后的"第四极",就可以构成一个连接京津冀、长三角、珠三角和成渝地区的菱形,菱形四个顶点所在的四极地区的经济体量稳定占据全国45%左右,菱形内部的经济占比总体稳定占据全国32%左右,二者约占全国77%,其实就是中国经济的中心区域②。因此,在前期国际理解教育的基础上,重庆市进一步扩大开展儿童国际理解教育的学校覆盖面刻不容缓。开展儿童国际理解教育不应该是少数示范性学校和部分教师的事情,而是有利于中小学生素质提升的好事,应该让更多的学生进行相关学习。

二、重庆市儿童国际理解教育学校课程实施深入

重庆市儿童国际理解教育课程在内容上较为多元,主要侧重于语言交流和拓宽视野。在课程目标上侧重于文化多样性、文化理解和文化认同的培养。大部分中小学校开设了国际理解教育课程,仅有10%的学校表示没有开设任何相关课程。

区县学校国际理解教育活动主要集中在开展语言交流活动、庆祝国际节日和开展主题班会,也有接近100所学校独立设置了国际理解教育课程;主城区学校除开展英语角等交流活动外,在设置出国交流项目和邀请外籍人士来校交

---

① 姜英敏.东亚国际理解教育的政策与理论[M].北京:高等教育出版社,2017:173.
② 林毅夫,付才辉.成渝地区双城经济圈建设的新结构经济学分析建议报告[N].成都日报,2020-06-17(10).

流、独立设置国际理解教育课程上的比例也比较高。

（一）普遍创设特色课程

一是开设民族特色课程，将国际视野与民族认同相结合，让学生学习中华优秀传统文化，让学生形成文化自信，再与国际视野相结合，对中西方文化增加了解，培养学生对未来的不确定性的挑战能力[①]。

二是开设艺术特色课程，针对艺术课程的特点，注重跨文化课程对比，如以"琴"课程为研究项目，增强学生的文化自信和文化理解。

三是以中华优秀传统文化为课程开设基础，树立学生的文化自信，增强学生的文化包容性。

（二）打造主题活动课程

一是开设英语戏剧课程，在英语教学中通过戏剧教学，让学生了解和领悟中国传统戏剧与西方儿童剧的文化背景，掌握文化常识，并体会英语的乐趣[②]。

二是开设游戏主题活动，如开展"畅游毕兹卡游戏"，课程的想法由学生提出，在国际理解课程中，学生在老师的引导下自主创意、开发制作、对外推广。游戏基于土家族的文化特色，把土家的文化特点写入一张张游戏卡片中，用类似于"大富翁"游戏的形式展示出来。将国际理解融入游戏之中，寓教于乐。通过将国际理解融入不同的主题中，使学生在不同的方面提高国际理解的能力。

此外，通过语言交流活动，庆祝国际节日、纪念日，开展与国际文化、全球问题相关的主题班会等，增进学生的国际理解素养水平。

（三）搭建国际交流平台

一是部分学校为满足国际人才子女教育的需求，坚持"让世界孩子了解中国，为中国孩子带来世界"的理念，开展一系列人文交流活动，学校给国际人才的子女开设特色课程，如厨艺、书法等，让外籍同学了解中华文化的内涵。

二是参加国际理解活动，如参与"世界青少年模拟联合国大会"活动，让中国的孩子了解世界。通过邀请外国人来校交流、在线与其他国家学生开展交流、向外国小朋友介绍中国节日、设置出国交流项目，为国际理解教育提

---

① 姚祯薇，令狐克琴.构建实施国际理解课程助推学生核心素养培养[J].电脑迷，2021(11)：42-44.
② 刘莹.在小学英语教学中渗透国际理解教育：以戏剧教学模式为例[J].师资建设，2016(10)：104-105.

供平台。

三是校内开展"国际理解课程"系列活动,如澳大利亚"英语绘本教学"研讨会,研讨会邀请了许多专家学者对"英语绘本教学"进行解读与分享。带领着孩子用多种形式来阅读绘本,让孩子们体会到学习语言的乐趣。

总体而言,在设置出国交流项目、在线与其他国家的学生开展交流、邀请外籍人士来校交流、开展语言交流活动方面,主城都市区学校的样本量高于渝东南城镇区和渝东北城镇区。主城都市区开设国际理解教育课程的频次高于渝东北城镇区,高于渝东南城镇区。没有开设国际理解教育课程的学校,渝东南城镇区多于渝东北城镇区,多于都市区。显示出社会经济发展水平与国际理解教育开展的高度相关性。重庆市"一区两群"国际理解教育教材资源存在差异。主城都市区每个学生都有教材的情况是两群地区的两倍以上。老师有教材,学生没有教材的情况三个区域差不多。

依托教育部中外人文交流试验区的平台,作为我国西部重要的教育高地,重庆市国际理解教育目前已经历了"萌芽—探索—理论框架形成—作为地方课程推进"四个阶段,并在基础教育实践中探索了一些推进国际理解教育的有效策略。

三、重庆市儿童国际理解教育实施仍有短板

(一)课程满意度不高

现有国际理解教育课程满意度评价较为一般,还不能满足学生的需要,有待进一步提升。调查发现,学生希望开设国际理解教育课程的意愿值远高于学生对现有国际理解教育课程的满意度得分。对开设国际理解教育课程意愿较强烈的学生占比为 61.25%,而对课程开设效果表示满意的学生比例仅为 38.4%,对课程实施效果不满意的学生比例达到 24.26%。

学生对课程的满意程度与"是否希望开设更多的国际理解教育课程"成正相关,学生满意度和对课程的期待度之间存在显著的相关性。学生的个人经历、个人需求和课程理解能力不同,可能导致学生对课程的满意程度不一样,从而影响学生对更多课程的期待。

通过重庆市"一区两群"学生群体的对比发现,主城都市区学生对国际理解

教育课程的满意程度略高于渝东北城镇区和渝东南城镇区,但是总体上重庆市"一区"和"两群"的学生对国际理解教育课程的满意度都有待提高。与一线城市、沿海城市甚至成都市相比,重庆市国际理解教育课程的满意度都有待加强。城市和乡土国际理解教育资源还没有得到充分挖掘和利用。

(二)目标达成度不足

在本次调查中,国际理解教育课程目标达成度主要从学生国际视野、包容胸怀、价值认同、沟通交流、公民责任等方面的情况进行评价。调研发现,学生对现有的国际理解教育课程理解不够深入,知识内化主要聚焦于探索世界和认识观点的层面,如对人类文明和世界发展的认识,世界面临的全球性挑战的了解等,以国际视角看待国际问题、关注和处理国际关系的能力较为薄弱。从目前的现状来看,国际理解教育对儿童的国际理解素养培养更多集中在探索世界和认识观点的层面,对交流活动和采取行动方面的培养有待加强。

此外,本次调查发现,小学生国际理解教育目标达成度低于中学生,主要原因在于目前的国际理解教育课程内容在编排和设定时,对小学生的学情、认知发展规律以及身心发展特点等考虑还不够充分,还有优化的空间。

(三)行为表现力不够

国际理解教育课程的实施成效内隐于学生态度、价值观的培养,外显于学生知识掌握、技能应用的行为表现。以"国际理解"为核心的教育实践活动能使学生在对中华民族主体文化产生认同的基础上,更好地理解世界的多元性,增强全球意识,提高跨文化的沟通能力,学会尊重、共处和合作,培养关心人类共同发展的情操,担负起"世界公民"的责任和义务,有利于学生形成正确的世界观、价值观和科学的思维方法,从而培养出大批具有国际视野、通晓国际规则,能够参与国际事务和国际竞争的国际化人才。

本次调查发现,学生经过国际理解教育之后,行为表现力的具体行动频率从高到低依次为:乐于向他人介绍中华优秀传统文化、更加努力学习外语、了解时事,学习各国文化、主动关注世界问题(如气候、战争、经济等)、与他人(包括其他国家或民族的学生)友好相处、申请海外留学。

系统性国际理解教育项目的实施不足阻碍了重庆市儿童国际理解教育的

实施。比如,针对14～17周岁的青少年,中国教育国际交流协会开展了AFS中学生全球胜任力系列项目,一是宾夕法尼亚大学证书项目,这是AFS国际文化交流组织与宾夕法尼亚大学(美国著名的八所常春藤盟校之一)社会政策与实践学院(School of Social Policy & Practice at the University of Pennsylvania)联合发起,面向全球15～17周岁的中学生提供的在线研究性项目:多国学生共同完成12周的在线交互项目(20单元录播和6次直播相结合),从联合国教科文组织17个全球发展目标中选取一个作为主题,结合区域特色,形成社会影响力项目设计报告,将学习成果转换成可操作的解决方案,在国际平台上进行汇报展示。该项目重在培养学生的国际视野、外语能力、团队合作能力及创造性思维等。按要求完成该项目后,将获得由AFS国际文化交流组织和宾夕法尼亚大学社会政策与实践学院颁发的结业证书。

二是探索世界证书项目(英语版和西班牙语版)。探索世界证书项目是AFS国际文化交流组织面向全球14～17周岁的中学生提供的在线体验性项目:多国青少年共同完成5周的在线交互项目(20单元录播和4次直播相结合),学习国际理解教育相关知识和理论,提升国际视野、跨文化沟通与理解能力,结交来自世界各国的小伙伴。完成该项目后,将获得由AFS国际文化交流组织颁发的结业证书。

国际理解教育对学生弘扬中华文化,提升文化自信,外语学习和交流,吸纳他国文化及对全球问题和时事的关注以及出国交流也产生了一定的促进作用,但是在新时代,在了解国际规则,讲好中国故事,提升我国国际话语权,向国际宣传重庆,向世界介绍重庆方面,重庆市国际理解教育还有许多工作要做。

重庆市在实施国际理解教育过程中,需要注意以下三个方面:

一是国际理解教育不能消解"国家认同"。自近代以来,"民族国家"逐渐成为现代国家形态主流,将确定的国家疆域及其主权,稳定的国民经济和市场、统一的语言和国民的国家认同作为其根本特征。但是,随着全球化的发展,出现"立足于全球和人类发展的共同利益,超越国家利益,把重点放在国家以外的人类共同因素上,培养具备全球视野和人类观念,能创造公平正义的全球社会的'全球公民'"之需要,这对"民族国家"不能不说是一种冲击和威胁。在国家认同和全球认同并存于教育系统内的时候,担负统一语言和国家认同教育使命的公共教育系统面对全球化下的"超国家利益的"价值观自然会存有疑虑。国家认同分为"制度认同""利益认同""文化认同""非国家共同体认同"四大要素,要警惕全球化下的"非国家共同体认同"在与国家认同价值不符的情况下会起到消解国家认同的作用。例如,从横向上包括"双重公民"身份的出现,从纵向上则包括"亚国家公民"身份(如联邦公民)、超国家公民身份(如欧盟公民)、"世界公民"身份。因此,怎样定位这些非国家认同问题是关乎民族国家生存的重大问题,这也是不少国家警惕国际理解教育的重要原因。美国20世纪八九十年代围绕国际教育展开的旷日持久的论争正是基于这样的认识。

二是根据重庆的市情,因地制宜,完整准确定义全球中的一员应具有的能力的内涵。即便不受联合国教科文组织影响,在世界经济全球化趋势凸显的今天,作为在全球社会生存的一员应拥有怎样的品质和能力,是各国教育都会考虑的问题。包括国际学生学业评估项目(Program for International Student Assessment, PISA)等国际学业测评项目事实上也是对国际劳动力素养提供了一种可目测的方向,对世界各国教育政策的制定产生了较大影响。目前,各国实施国际理解教育的一个重要目的也在于培养学生在世界竞争中的生存能力,此外,作为人类命运共同体的全球成员应具有的,包括合作、共生、责任等品质也是不可忽略的教育内容。将这两个看似彼此矛盾的内容在一个教育系统内兼顾到,也是各国国际理解教育在实施过程中出现矛盾和困难的原因所在。重庆市多元的民族文化,大城市带动大农村的特点,主城区两江交汇,地处川东平行岭的地貌特点,面向西部中亚地区、中东欧地区的渝新欧班列,面向东南亚国家的陆海大通道等地方特色,都为重庆市开展儿童国际理解教育提供了充分的现实背景。

三是以联合国教科文组织为主的国际组织的国际理解教育的理念本土化的问题。在对国际理解的不同理念阶段中,联合国教科文组织始终以"人权""民主""可持续发展""文化间理解"等理念贯穿其中,坚持"全球公民"培养下的世界和平教育目标,呼吁学生跨越国家和民族之疆界来实践这些价值。联合国教科文组织的国际理解教育虽然以各国的教育系统作为依托,但甚少对超国家认同与国家认同之间的关系进行说明。这与联合国教科文组织作为国际组织不具有与国家权力同等的约束力有关,但是也导致各国在联合国教科文组织理念的本土化过程中经历不同主张和观念之间的博弈。因此,不少国家都认为联合国教科文组织是国际理解教育精神的鼻祖,但在实施过程中又不免对其疏离,或对其精神进行本土化改造。

四、重庆市儿童国际理解教育师资培养不够

(一)教师缺乏国际理解教育的培训和课题研究

本次调查发现,53.16%的教师反映学校没有开展国际理解教育的相关文件或工作方案,有1/3的教师反映未参加过国际理解教育相关会议或研讨,仅有1/4的教师表示主持或参加过国际理解教育相关课题和研究。以上三个问题中,未涉及国际理解教育的学校和教师占半数以上,这些都体现出重庆市教师群体缺乏对国际理解教育的深入研究,缺少相关意识和研讨培训。

相比北上广深等一线城市,甚至杭州、郑州等新一线城市,重庆市已开展的国际理解教育培训工作相对不足,国际理解教育教师培训课程开发还有待提升,位于重庆市主城区的西南大学、重庆师范大学以及重庆第二师范学院与主城区的中小学幼儿园的教师培训频率和覆盖面还远远不能满足需要,西南大学教育学部徐辉教授在这方面进行了较多探索。

另一方面,在地方实践中,东莞、成都、杭州、无锡、青岛等多个城市出台了相应的国际理解教育地方指导意见,对教师相关培训给予政策指导,以期促进国际理解教育在地方的发展。重庆市中小学幼儿园的国际理解教育教师培训相比而言,缺少明确的政策指导,从而导致学校较难组织教师开展相关的培训和课题研究,而教师其实是期待相关培训和学习的,尤其是对如何结合本土传统文化特色开展国际理解教育等方面的培训需求较大。

(二)未受培训教师的国际理解教育能力明显不足

古迪昆斯特认为,一个具有跨文化能力的人,"已经在各种文化的交融过程中,达到一个相当高的水平,他的认知的、情感的和行为的特征不局限于一种文化,而是开放性的。一个有跨文化能力的人,无论在智力还是情感上都致力于

全人类的普遍的价值观,同时也接受和欣赏不同群体之间的文化差异"①。必须看到,现存的教师职前培训与在职培训模式并没有充分体现对教师相应的文化要求,也难以培养出古迪昆斯特所定义的具有跨文化能力的人②。可以看出,接受培训的教师,会比未接受培训的教师有更多机会增强跨文化能力,能更全面认识国际理解教育,把相关理论与实际活动相结合。并且,未接受培训的教师群体用传统的教学方式难以应对学生的个性化需求,也难以适应社会对全球性的发展要求。

第一,教师对国际理解教育缺乏时间、精力、热情。重庆市教师具有极强的敬业精神,但目前大部分教师,尤其是乡村教师,具有繁重的教学任务。教师在这种工作生态下对国际理解教育缺乏时间去关注且缺少精力去研究,如果缺乏相关的政策引领和平台激励,仅靠个人内驱力难以促进国际理解教育的有序开展。

第二,国际理解教育师资培养相对缺乏。近年来,重庆市依托西南大学、重庆师范大学、重庆第二师范学院举办了多次中小学管理干部国际理解教育专题培训,成立成渝地区双城经济圈国际理解教育联盟,以此扩大国际理解教育传播,但其规模、数量远远不及沿海发达地区,如上海市教委通过国际理解教育工作推进交流会议,在上海浦东新区 23 所中学试开国际理解教育课程,北京市海淀区通过国际理解教育能力提升项目活动推进国际理解教育,而重庆市关于国际理解教育的相关培训活动无论从频率、规模来看,都与上海、北京有一定差距,缺乏相关师资培养训练,尤其是结合重庆市"两点"定位,"两地""两高"目标,面向"一带一路"国家和地区,特别是东南亚、中亚和中东欧地区的国际理解教育相关培训活动还很不足。

第三,教师在国际理解教育中体验水平有限。在国内一线城市,外商投资和外籍人士数量以及外事活动,海外交流的机会更多,教师有更多的机会得到国际化体验,教师也能实施更多的国际理解教育活动,比如上海市闵行区七宝镇明强小学基于小学生国际理解教育开展"海外课堂"体验活动,金凤小学学生

---

①　古迪昆斯特.跨文化交际理论建构[M].顾力行,翁立平,等导读.上海:上海外语教育出版社,2014:240.

②　陈洁.国际理解教育研究[D].上海:华东师范大学,2003:20.

在珠海校区开展提升国际理解力系列活动,而重庆市地处西部,教师自身国际交往机会不多,相对缺少此类体验活动,自身体验不足,因此,教师群体在理论知识、实践经验上都有不足。

第四,经费不足往往是造成教师接受培训不足的重要原因。一些农村地区的中小学,受限于办学经费的不足,难以为开展儿童国际理解教育提供充足的经费保障。

如果能够有机会得到更多的国际理解教育专业培训,重庆市教师的国际理解教育水平将会有很大提升。比如,为贯彻落实《教育部等八部门关于加快和扩大新时代教育对外开放的意见》文件精神,中国教育国际交流协会举办的教育对外开放综合能力提升项目,助力学校培养适应新时代国际传播需要的专门人才和外事干部。该项目面向教育领域全学科教师,项目内容涵盖国际理解教育-跨文化理解与沟通、双边教师跨文化领导力提升等模块内容。

国际理解教育-跨文化理解与沟通项目采用 AFS 全球胜任力系列基础版-Global Up at Home 的内容。该系列项目是 AFS 国际文化交流组织与经济合作与发展组织(OECD)、美国宾夕法尼亚大学和普渡大学合作研发、面向全球教育工作者开展的在线项目。这一单元聚焦国际理解教育与跨文化学习的国际通用理论,内容包含文化维度、国际交流中的文化情商和同理心、学习方式、DIVE理论、刻板印象与普遍现象、21 世纪核心素养及应用与实践等,旨在使项目参加者了解不同区域、不同国家、不同群体的文化价值观、表达方式、沟通方式等,增强国际传播的亲和力与实效性。

双边教师跨文化领导力提升项目采用 AFS 全球胜任力系列升级版-Global Up Educator 的内容,在国际导师的导学下,与来自美国、澳大利亚、泰国等国的教育管理者、教育工作者走进"同一课堂",在学习国际理解教育和跨文化学习国际通用理论的基础上,共同探讨国际理解、跨文化沟通和管理的应用与实践,提升学员的跨文化领导力。

五、重庆市儿童国际理解教育整体保障有力

(一)政策推动积极

2010 年发布的《国家中长期教育改革和发展规划纲要(2010—2020 年)》强

调要"加强国际理解教育"。随后,我国政府分别又在 2011 年、2014 年、2016 年、2017 年、2020 年重申开展国际理解教育的重要性。近年来,重庆市为大力发展儿童国际理解教育,颁布了许多政策措施,实行了多种项目的改革。

一是重庆市教育委员会与教育部中外人文交流中心签署《教育部中外人文交流中心与重庆市教育委员会关于做好中外人文交流工作的战略合作协议》,共同搭建中外人文交流(重庆)试验园区、中外人文交流教育实验区、中外人文交流研究院等中外人文交流工作平台。与教育部中外人文交流中心共同建立中外人文交流重庆(渝中区)教育实验区、中外人文交流重庆(沙坪坝区)教育实验区、中外人文交流重庆(南岸区)教育实验区、中外人文交流重庆(渝北区)教育实验区等四个试验区,推进《中外课程共建共享项目实施指南》《国际理解教育项目实施指南》《国际友好学校结对子项目实施指南》等国际理解教育相关标准文件的制定。

二是《重庆市教育事业发展"十四五"规划(2021—2025 年)》提出,加快建设中外人文交流教育实验区、中外人文交流研究院、重庆中外人文交流学院。积极建设国际合作教育园区。推动成渝地区共建中外人文交流协作示范区。加强中小学国际理解教育,成立成渝地区双城经济圈国际理解教育联盟,打造中外人文交流特色学校和窗口学校,提升基础教育对外开放水平。

近年来,重庆市在政策方面为推动儿童国际理解教育的措施有力,保障了国际理解教育的健康发展。

(二)社会支持广泛

重庆市目前已经成立了多个与国际理解教育相关的民间教育组织,加之重庆开埠一百多年以来的开放之风,为儿童国际理解教育的开展提供了良好的社会氛围。一是重庆市教育国际交流协会国际理解教育分会,依托重庆大学、西南大学、重庆市第一中学校、重庆育才中学、重庆市人民小学等学校及教育机构近 200 个会员单位,通过立项重庆市教育科学规划课题开展教育实践。二是成立成渝地区双城经济圈国际理解教育联盟,该联盟是川渝两地中小学、教育相关机构、管理部门和关心教育事业的企业共同组成的非营利性公益组织。

重庆市积极建设国际理解教育人文交流平台、人才培养基地、人文研究智库、文化传承创新中心、人文红利的生发地、经贸合作项目和人文合作项目的孵化器、中欧人文班列等,如通过举办重庆国际文化旅游产业博览会专门设立"一带一路"重庆国际教育特色展区等形式,不断推进国际理解的社会参与度和辐射面。以全球素养框架下的学校探索为主题,结合 OECD(经济合作与发展组织)国际学生评估项目(PISA)的全球素养能力要求和《中国学生发展的核心素养》培育目标,围绕学生、老师和学校的全球素养教育展开理论与实践的双重探讨。重庆南开中学、重庆七中和实验一小参加渥太华、重庆、成都三地校长云对话。

(三)相关资源丰富

重庆市拥有丰富的历史文化资源,是国际理解教育的重要基础。重庆自 19世纪以来主动或被动地对外进行开放,促使重庆产生了资本主义市场因素,重庆开始对外贸易,推动了重庆的经济发展,并且在清末新政的影响下,建立了大量的新式学堂,在一定程度上解放了重庆人的思想。20 世纪初期,重庆作为战时大后方,经济得到了跳跃式发展,与此同时重庆也出现了许多伟大的精神,提升了重庆人的文化素质。改革开放以来,重庆成为直辖市和长江中上游的中心城市,大力开展对外开放,使得城市对中外文化兼容并包。重庆也是"一带一路"沿线的重要城市,许多人才在此汇聚,也使得重庆的文化丰富多彩,开阔了重庆人的文化视野。自 19 世纪以来,入驻重庆的领事馆有英国、荷兰、加拿大、丹麦等数十个国家,2016 年来渝的留学生突破 7000 人,而长居的外国人至少有8000 人,这为国际理解教育提供了丰富的人文资源。根据重庆市外事办对外友协统计,到 2022 年 3 月,重庆市共有 23 个友好城市,包括澳大利亚布里斯班市、日本广岛市、英国莱斯特市、南非普马南加省、美国西雅图市、法国图卢兹市、加拿大多伦多市、乌克兰扎波罗热州、埃及阿斯旺省、伊朗设拉子市、俄罗斯沃罗斯涅日市、德国杜塞尔多夫市等。这些都为重庆中小学开展国际理解教育提供了良好的基础。

重庆作为西部地区唯一的直辖市,国际教育资源在西部处于较为领先的地位。重庆市拥有重庆诺林巴蜀外籍人员子女学校、重庆耀中国际学校等 2 所外籍人员子女学校和多所国际化学校,如重庆哈罗礼德学校、枫叶国际学校、德普外国语学校等。这些学校兼容国内外优秀的教育资源,融合国内外两种教育模式,可以较及时地接受先进的国际教育理念,定期开展国际交流活动和研学活动,通过一系列动手和动脑的项目,提升学生的实践精神、创新精神、质量意识和社会责任感;提升学生艺术创作能力,提升学生团队协作精神、团队意识、团队凝聚力、整体素质,提升学生坚毅、勇敢、勤劳、善良的美德。有的学校还会举办国际教育博览会,为学生搭建起了通往世界的桥梁,如重庆枫叶国际学校2019年就邀请来自加拿大、英国等11个国家和地区的72所高校来校交流,搭建学生与名校完美对接的平台。此外,有的学校成立中外交流使团,充分利用学校现有的国内外资源,更好地促进国内外学生的交流与互动学习。

六、重庆市儿童国际理解素养水平差异明显

当前,在推进重庆市中小学基础教育国际化的过程中,存在学生国际理解能力水平参差不齐的问题。

(一)认识观点和探索世界两个维度存在显著性差异

本次调查采用的儿童国际理解素养的评价指标包括探索世界、认识观点、交流想法、采取行动四个维度,其中探索世界是指学生对当前环境之外的世界进行调查;认识观点是指学生认识自己和他人的观点;交流想法是指通过不同文化之间进行公开、适当和有效的互动,与不同受众有效地交流自己的想法;采取行动是指学生们将自己的想法和发现付诸合适的行动以改进现状。

调研发现,从教师角度来评价的话,学生国际理解素养水平处在一般稍上,距离国际理解素养较高水平还有一定的差距。四个维度中最高为"采取行动",其次是"探索世界",再次为"交流想法",最后是"认识观点"。"认识观点"维度低于总体得分,说明学生在认识和表达自己的观点,审视他人观点,解释事件、问题、现象的水平有待提升。

在采取行动方面,学生能够将他们对全球问题的想法和发现落实到行动上,并积极改善(如学生有环保意识,可以通过诸如减少一次性筷子、袋子使用等行为保护环境)。学生阅读报纸、杂志和书籍,听取跨文化和国际主题的广播和电视节目,并能对媒体传播的信息做出积极的回应。但是学生难以评估不同国家不同文化对全球发展的影响。在探索世界方面,学生能意识到全球性问题的存在对他们生活的影响。在交流想法方面,学生能够理解不同文化背景的人

对同一文化的解读不同会影响沟通效果。但是学生难以使用多种媒体(如微信、Facebook 等)与不同文化、不同国家的人进行沟通交流。同时,学生难以分析和评估某种文化中的重大事件和趋势。

这种差异产生的主要原因有两个方面:一是四个维度本身对学生思维品质的要求不同。认识观点对学生的综合素养要求最高,对于许多学生而言,要在中学阶段才能够运用自己的知识分析并评价不同文化的实践和趋势。二是重庆作为西部地区城市,对外开放水平与沿海地区存在差距,了解国外文化的机会相对较少。同时,对本土民族文化的国际理解教育视野下的认识不足,也导致学生片面认为认识到的不同文化,就是英语文化和西方文化。

(二)小学生和初中生国际理解教育水平差异明显

国际理解教育理念理应实践于中小学课程开发,融合于中小学校园文化,才能培养与全球化时代共生之人。但是现阶段,与初中相比,重庆市小学国际理解教育还存在许多不足之处,值得我们探究和反思。

其一,活动形式单一。据调查研究,小学国际理解教育活动多由英语老师、语文老师展开,其未能深入挖掘国际理解教育的内核,只是简单地向大家传播含有中外文化因素的知识;而初中国际理解教育活动形式更为多样,内容更加生动有趣,学生的参与度与积极性更高。例如,2021 年 8 月 20 日,世界青少年模拟联合国大会首轮网络会议成功召开,成都七中学子面对"全球教育资源共享和交流保障"(中文)和"疫情期间难民安置和保护"(英文)两个议题,与其他参会代表们热烈交流,密切合作。这次国际化的舞台历练使得同学们走出课堂,认识了更真实的世界,在跨学科知识应用的同时,他们履行了国际公民责任,培养了人类命运共同体的全球视野①。

其二,小学国际理解教育内容简单,多由教师主持策划,其在课程开展中起主导作用。教师通过课堂讲授,组织学生观看电影等方式展开国际教育活动;初中生则多以探究学习、小组活动的形式开展活动,学生发挥了其主导地位,极大地激发了学习的积极性,获得了更多的满足感和参与感。

其三,与初中生相比,小学生在国际理解教育活动中缺乏思辨能力、信息获

---

① 徐龙海,汪冬梅.小学国际理解教育:审视与重构[J].教育科学论坛,2021(31):37-39.

取和处理能力、与人交流的能力等。小学生尚处于人生的懵懂时期,其思维、能力、知识建构等还处于初级阶段,而国际理解教育的培养要循序渐进,切勿揠苗助长。

(三)城市和农村师生国际理解教育水平差异明显

一是农村国际理解教育资源与活动较少,一些偏远学校在教学质量都难以保证的情况下,实施课程困难。2021 年 4 月 28 日,200 多所学校加入成渝地区双城经济圈国际理解教育联盟。而在这参加的 200 多所学校中,包括了成都七中初中学校、石室天府中学、成都高新区行知小学、成都高新实验小学、成都蒙比利埃小学、成都霍森斯小学等许多较好的学校。而偏远农村中小学受到各种因素的限制,缺乏开展国际理解教育活动的机会。

二是农村教师对国际理解教育的认识有偏差,国际理解素养较低。本次调查结果显示,许多农村教师对国际理解教育仅仅停留在浅层次,32.06%的教师认为国际理解教育就是学习西方发达国家的文化。他们对国际理解教育的教学目标、评价方式、教师所应具备的国际素养能力等认识不足。而城市教师拥有得天独厚的地理位置条件、丰富的教学资源和更完善的教学基础设施,对国际理解教育的认识更为深刻。

三是父母文化素养差异影响城乡中小学生国际理解教育素养。一般来说,城市父母受教育水平更高,或者父母曾经有过出国的经历,其对孩子的国际理解素养重视程度更高。本次调查结果显示,在农村,父母的学历为高中以下的比例高达 62.55%,仅有 10.58%的父母有出国经历。结合现实,农村教师只有具有国际理解教育意识,结合农村资源开展国际理解教育活动,才有助于学生增强人类命运共同体意识,培养出具有国际视野、符合社会发展的新时代青少年①。

此外,男生和女生在儿童国际理解素养的四个维度上存在显著性差异。面对重庆市中小学基础教育国际化发展,我们需要审视自己的不足,重视传统文化、社会、学校、家长三方共同努力。让国际理解教育生根发芽,点亮儿童心中的明灯。

---

① 李宏龙,聂立梅.农村小学国际理解教育资源的开发[J].教学与管理,2021(23):13-14.

第五章　加强重庆市儿童国际理解教育的对策与建议

一、政府统筹规划，搭建保障有力的国际理解教育平台

（一）制定层次分明的国际理解教育政策文件或指导意见

2010年，《国家中长期教育改革和发展规划纲要（2010—2020年）》第十六章明确提出，"要加强国际理解教育，推动跨文化交流，增进学生对不同国家、不同文化的认识和理解"。2016年8月，教育部印发《推进共建"一带一路"教育行动》，明确提出"中小学校要广泛进行校际合作交流，开展师生互动、教师培训和国际理解教育"。国内相关省市在国家政策的指引下，相继制定和颁布了地方政策和指导意见。江苏省无锡市教育局发布了《关于在全市中小学加强国际理解教育的意见》，制定了《无锡市国际理解教育课程开发计划》和《无锡市国际理解教育课程设计及教学指导意见》。四川省成都市教育局相继印发了《成都市教育国际化发展专项规划（2013—2020年）》《成都市教育局关于加强中小学国际理解教育的指导意见》，成都市青羊区发布了"熊猫课程"等。在政府层面制定的政策文件指导下，以上这些地区的中小学国际理解教育已经从理论阐述向实践探索进行了较好过渡，且成效显著。

重庆市相关行政部门虽然积极响应并落实了国家相关政策，重视教育对外交流与合作及国际理解教育的实施，搭建了国际理解教育平台以及开展了系列国际理解教育活动，但是政府层面的地方政策文件或者指导意见还比较少，这直接导致中小学校在开展国际理解教育的时候缺乏总牵引和总抓手。课题组在对不同群体进行访谈时，多位区县教育行政部门的相关人员提道："希望从重庆市教委层面，进一步加大对制度、框架和相关的工作要求、操作层面的指导。"

"在政策层面,做好顶层设计,建议可用文件政策、课题的形式开展,课程设计的内容、课堂和活动引领等,需要构建相关的平台,吸引学校、教师、家长、学生各个层面加入进来。"开州区的一位校长也建议:"重庆市教委作为教育主管部门,应该在充分调研的基础上,出台一个关于国际理解教育的指导意见,要明确它的重要地位,包括它的课程目标、内容、实施路径等。主体还是学校,学校实施就是要让国际理解教育进课堂,还要有一个教学计划,一学期要开展几课时,或者说开展哪些活动。作为区域层面要有一个指导性的意见,并且鼓励先行先试,进行一些校本课程开发、师资培训,还有评价制度方面的一些探索,这都是可以的。如果有了市教委这样一个文件,我们下面执行起来可能更有底气。"由此可见,重庆市相关行政部门出台各种层级的国际理解教育政策文件和指导意见的重要性和必要性。

(二)全方位支持和保障中小学校开展国际理解教育

教育的公共性决定了政府在支持教育事业方面的基本职责。政府财政的公共性特点,决定了教育财政必须面向所有学生,保障每一位学龄儿童受教育的权利。重庆市相关行政部门应该支持和保障中小学校形成学生、教师、研究员、管理员四位一体的国际理解素养培养网络体系。相关行政部门对所管辖区域的中小学在行政上有管辖的责任,各中小学要按照政府相关行政部门的安排和要求开展落实国际理解教育相关活动,相关行政部门应出台相关政策文件,为国际理解教育提供明确向导和依据。相关行政部门可以课题为抓手,充分调动本区域的科研力量,发挥科研人员在科学研究和专业指导方面的作用,教研员可组队编制一套与本区实际情况相符的国际理解教育课程标准,下发到各个学校,引导教师自主学习国际理解教育方面的知识。另外,为了让国际理解教育融入学校日常教学活动,相关行政部门可搭建本区教师与外界沟通的多层次平台,通过主办或协办国际理解教育会议或国际理解教育论坛,营造国际理解教育的浓厚氛围和支持环境。这些建议也在课题组对中小学校长以及教师的访谈中得到了印证:"比如说教委层面,在政策上肯定是没有问题的,在现阶段可能更多是给予我们一些人力方面的支撑,以及经费方面的支撑,我们现在最缺的是这个东西,做任何事情都得有人,而且要得力的人。如果区域里有专门负责国际理解教育板块的人给我们一些专业的引领,给我们一些相应的专业培训,这就是对我们最好的支持。""你要做国际理解教育,首先得用专业的人来引领,要不然可能大家感觉这个东西好像懂了,但是实际上是一知半解,到时候实施出来的效果可能也不是特别的理想,慢慢的如果效果成效不太好,大家可能又会觉得很挫败,又不想弄下去了。"

除了政策、研究以及人力资源方面的支持外,对于国际理解教育的专项经费以及荣誉奖励等方面的保障也非常重要,正如一位校长提道:"做这些工作肯定是需要经费的,包括请专家或者搞活动,比如说我想搞一个中外人文交流的展示活动,假如要邀请其他的学校来参加,你肯定也是需要费用支持。还有我觉得如果要做这个活动,评优评先这些也是需要的,因为只有这样才可以促进老师们更有动力去做,有的时候老师们不需要奖金,但是可能还是比较看重名誉,通过活动能够获得荣誉,他们也非常愿意来做。"

二、学校负责落实,形成系统的国际理解教育课程体系

国际理解教育课程应具备民族性、开放性、时代性的特点。通过调研发现重庆市儿童国际理解教育课程主要以校园文化活动、主题活动和学科渗透的方式开展,占比达50%,通过文化交流活动开展国际理解教育占39.5%,开发校本课程的方式占26.86%。结合其他地区的先进经验,课题组认为重庆市儿童国际理解教育可以构建以开设校本课程、学科渗透融合、开展主题活动为主线,以对外交流、校园文化浸润为辅线的国际理解教育课程体系,期望能以此促使国际理解教育取得更大成效。

(一)编写校本课程

校本课程不同于国家课程,是发源于本校、符合本校发展实际、促进学生全面发展的独具特色的课程。在开展国际理解教育过程中,为了使国际理解教育更深入地开展,学校应研发符合本校实际的国际理解教育课程,在研发过程中,应注意以下几方面:

1.专业的课程开发团队

课题组调研发现,重庆市中小学校国际理解教育课程由班主任执教的占44.14%,其他科任教师占41.57%,其次由校内专职教师任教的占27.62%,也有16.38%和14.09%的学校聘请校外教师和外籍教师任课。省市重点中小学聘请外籍教师任课的占比最高,为31.95%,其次是省市普通中小学和区县重点学

校;班主任执教的情况在农村中小学要比区县和省市中小学更加普遍,在农村中小学有近50%的学校是由班主任对学生开展国际理解教育,比省市重点中小学的比例高20%;此外,由校内专职教师任教的比例,重点中小学要高于普通中小学,省市区学校要高于区县、乡镇和农村学校。个别学校配有专任国际理解教育教师,专门负责学校各年级国际理解教育相关内容,除了负责国际理解教育教材选用、教学实施、教学评价等,还负责开发国际理解教育校本课程。但仅靠个别教师的力量难以有效开发校本课程。学校需成立专业的课程开发教师团队,以校长或者教学副校长为课程开发领导中心,制定计划,分工落实。参与课程开发的教师应明确自己课程开发的主体地位,要具有较高的国际理解能力及国际理解素养,拥有课程开发的热情和积极性,具有责任心和使命感,使国际理解教育校本课程更加的科学化、多样化、全面化。同时,课程开发团队要通过国际理解教育相关培训、专题讲座、研学旅行等途径提升自己的国际理解教育理念和能力,不断对校本教材进行修正和完善。

2.具体明确的课程目标

课程目标是指课程自身需要完成的详细意图与目标,是学生在某一段学习过程结束后预期达成的目标,具有导向、控制、评价等功能。学校应根据课程内容设置相应合理的课程目标,明确实施国际理解教育课程要培养学生什么样的品质,达到什么目标。东北师范大学附属小学实施国际理解教育时,目标为纵向上实现学科品性与国际理解教育二者融合,在横向上形成了学生发展特点与国际理解教育的对应,从而培养学生具有"中国的灵魂,世界的眼光",促进学生全面健康的发展。上海市甘泉外国语学校校本德育的特色主要体现在实施"民族情怀,国际视野"的国际理解教育上,其目标是使学生成为出色的中国人和国际人[①]。江苏省常州市武进清英外国语学校经过15年的探索,从儿童发展的需要和对未来国际教育的思考出发,系统构建了"人类命运共同体"视域下的课程目标体系,主要围绕"自成者""为他者""领导者"三个阶段性目标进行[②]。"自成者"在知识层面上,要求能够了解本民族发展历程及特色,能够合理地评价本民族文化与其他民族文化之间的差异,了解中国在国际舞台上承担的责任和履

① 吕华琼.小学国际理解教育校本课程开发:上海市天山第一小学的行动研究[D].上海:上海师范大学,2012.

② 奚亚英.人类命运共同体视域下小学国际理解教育的实践探索[J].人民教育,2021(S2):117-120.

行的义务;在能力层面上,要求正确看待国际问题,树立正确的国家观、民族观、文化观;在态度层面上,要求认同本民族优秀文化,形成文化自信。"为他者"在知识层面上,要求能够站在他人角度去思考问题,以自己所在学校、区域、国家为中心,增进对他国文化的知识积累;在能力层面上,要求了解他国文化对本民族文化带来的影响与冲击,能够形成对他国文化的正确解读;在态度层面上,要求能够包容和接纳他国文化、承认他国文化的优秀之处并加以借鉴。"领导者"在知识层面上,要求能够对国际重大问题形成系统思考,站在"人类命运共同体"的角度思考相关对策,能够掌握一般国际性规则与基础的东西方文化知识,具备国际视野;在能力层面上,要求能够通过模拟联合国、研学等方式了解世界运行法则,以"人类命运共同体"理念为价值标准,衡量文化交流活动;在态度层面上,要求能够正确对待他国民族与文化。以上地区在国际理解教育中对课程目标的阐述具体、明确,具有可操作性,可以让实施者明确国际理解教育的方向,为培养具有国际理解素养和能力的学生奠定了扎实的基础,为重庆市儿童国际理解教育目标的制定提供了参考。

3.传承优秀文化的课程内容

习近平总书记指出:历史和现实都表明,一个抛弃了或者背叛了自己历史文化的民族,不仅不可能发展起来,而且很有可能上演一幕幕历史悲剧。文化自信是更基础、更广泛、更深厚的自信。传统文化是民族的根基,是国家的灵魂。在新时代背景下,实施国际理解教育,首先要引导学生自我认同,凸显本土文化,始终坚定"四个自信",学校在开展国际理解教育时,首先培养学生具有爱国主义精神,坚持本土文化自信,具有民族责任感。重庆市中小学校在开展国际理解教育过程中,要注意以下几点:一是在开展各项国际交流项目和活动中,要始终发扬本土文化,以我为主,在活动交流中,师生可以共同准备具有中华传统文化特色的作品,如剪纸、水墨画、篆刻、书法等;二是在校园环境建设中融入中华优秀传统文化元素,如校园内历史人物塑像、文化墙上中国传统文化简介、教室里名言警句的张贴等,在潜移默化中增强学生对传统文化的领略;三是不仅要彰显传统文化,还要注重时代特色,中国不仅有古代"四大发明",还有新时代的"高速铁路、扫码支付、共享单车和网络购物"四大发明,这都是我们引以为豪的,在传播传统文化的同时,亦要彰显时代特色;四是在开设相关校本课程时,注重中外文化课程设置比例,要站位中国,持豁达心态;五是引导学生理性对待国外文化,不盲目崇拜,不全盘接受,借鉴他国优秀的理念,以我为主,为我所用。国际理解教育强调从"对话"到"理解",首先通过自我对话,了解中华优秀传统文化,其次是通过同他人对话,理解他国不同文化。

在访谈过程中,重庆市沙坪坝区一位校长提到他们把中国传统的"蚕桑"文化做成了蚕桑劳动教育的国际理解教育课程。她具体讲解道:"我们学校的地理优势是在融汇温泉旁边,后面有一座山,这个山现在由政府把它打造成了一座社区公园。我们学校也拥有一小半边山,山的顶上有一个后门,我们学校的老师、学生可以通过后门直接进入800亩的社区公园。我们现在做了国际理解教育的课程项目,蚕桑劳动课程,所以这个公园现在由政府把它打造成蚕桑公园。公园里边还专门给我们修建了一个讲坛,有点像斗兽场一样的一个半圆形的这个讲坛。到时候我们老师可以带着孩子们在大自然的公园中上课。

"后山顶上和这座社区公园接壤的地方,大概有30亩地,专门供我们学校种植桑树。我们才把3000多株从浙江运过来的桑树全部栽种了,全部种的是叶桑,只长叶子的叶桑。桑树长大了后,叶子可以让我们一到六年级的孩子采摘养蚕。我们开设的是不同阶段的课程,进阶的养蚕课程,比如一年级我们就养吐白色丝的蚕,二年级就养吐绿色丝的蚕,三年级就养吐黄色丝的蚕,四年级就养吐红色丝的蚕,五六年级就养七色蚕。

"我们校内也种植了桑树,不过是种的果桑,果桑就是有桑葚的那种,它又有很多个品种,有台湾长果桑,像手指头这样一条一条的那种长的;也有奶白色的,像鱼皮花生;还有就是我们普通的平常看见过的那种紫红色的,像大拇指头那样大小的。很多个品种栽种在我们校内,到要收获的时候,我们要举办桑葚节。我们就要让孩子们养蚕,去经历蚕的生命周期是怎么样的一个过程,让他们去体验、去发现、去探究,然后培养他们对科学的爱好以及对生命的一种认识。"

4.循序渐进的课程实施

中小学阶段的学生,特别是小学生,对生活的认识及体验都处于起步阶段,课程内容必须贴近学生已有的生活经验,学生们并不是空着脑袋进入教室的,但课程内容同样需要有一定的挑战,能激发学生的竞争兴趣,课程设计若能够合理,孩子们也能受益匪浅。在实施国际理解教育的内容时,遵循学生发展的顺序性,由简到难,由浅入深。对已经掌握了一些基本的探究方法的中高段学生,国际理解教育可根据主题内容采用小组合作探讨,这样有利于学生优势互补,相互促进。国际理解教育课程的实施应该遵循整合性原则,从时间、议题及目的来说明国际理解教育融入学校课程时要注意正式与非正式、隐性与显性、校内与校外、动态与静止相结合。系统性原则首先应该考虑到学生的身心发展顺序和学习规律,如对于小学低段的学生来说,可在课程中插入视频图片、公益拍卖活动等;对于小学高段的学生来说,可在课程中进行情景表演,如英语戏剧表演、外事活动接待主题等;而对于中学生来说,可举办英语辩论赛、模拟联合国等,设立丰富多彩的活动,让学生在娱乐、表演、鉴赏中获得知识,感受多元文化。这样的活动可以增加学生的见识,开阔学生的视野,从各年段做出整体规划,从进入学校开始对学生的日常行为、人生观进行引导,培养学生作为世界公民应具有的民主、人文素养,教会学生通过正确言行处理合作与冲突、尊重不同于自己观点的意见。在知识的组织上注意知识的系统性和逻辑性、纵向衔接和横向组织。国际理解教育还应该讲究有效性原则,将重点、核心内容纳入课程中。还要关注校本原则,也可以说是因材施教原则及建构性原则,将学生培养成具有世界整体素养的世界公民。

5.丰富多样的课程资源

在课程资源的开发与整合上,可以从下列措施入手:一是教师资源的开发与整合,如制定教师自主学习制度、制定教师校内外交流制度、专家引领。二是校园文化资源的开发与营建,如学校环境文化、校园活动文化、校园精神文化。三是重视家庭资源的开发与利用。通过问卷、亲子作业设计等形式,让广大家长了解国际理解教育校本课程开发的意义、内容、做法,使家长支持、关注、参与课程资源的开发与利用,参与学生的学习实践活动。四是加强信息技术与学科整合。五是加强与海内外师生和学校的校际交流与合作[①]。重庆市中小学校在实施国际理解教育的时候,也可以多角度全方位开发国际理解教育的课程资源,有利于学校更好更有效地开展国际理解教育。

（二）学科渗透融合

国际理解教育是推动国际和谐、促进人类和平的教育,旨在培养具有国际

---

① 吕华琼.小学国际理解教育校本课程开发:上海市天山第一小学的行动研究[D].上海:上海师范大学,2012.

意识、国际理解能力、知晓国际规则、理解差异、正视差异的国际化人才，引导学生以尊重为前提，以宽容为基础，理解世界各国不同人文风情。"1968 年 7 月，《作为学校课程和生活之组成部分的国际理解教育》的第 64 号建议指出，倡导将国际理解教育融入各门课程，将国际理解精神渗透在学校生活之中。"①通过融合渗透的方式，学生在学习学科知识时，教师找到契合点，适当地拓展，便能让学生在潜移默化中增长见识，由此便可两全其美、事半功倍。

学科渗透不同于国际理解教育校本课程，在学科中渗透相应内容时，要保证在本学科基本目标完成的情况下进行，主要有两种方式：一是把国际理解教育相关内容融入学科中。将学科教学作为载体，教师要采用适当的教学方法，拓展国际理解教育知识，由于各学科的教学模式不同、教学目标不同、教学方法也不相同，因此教师在课堂中渗透国际理解教育时，也要采取不同的方式，找到二者的契合点，补充、拓展国际理解教育相关内容。二是深入挖掘学科中已有的国际理解教育内容。从 2011 年版义务教育课程标准，可以看出，各学科中大都包含关于国际理解教育的内容，教师要对其进行梳理，创设情景，选取合适的案例，适当地扩展延伸。国际理解教育是价值观教育，教师应设计多种教学方式，在学科教学中融入国际理解教育相关理念，培养学生具有宽容理解心态的同时进一步丰富各学科的人文价值。

重庆市沙坪坝区的一位副校长在访谈中谈到学科渗透，她表示："现在主要是把国际理解教育融入课堂中，英语老师和我们教导处开展了一个小型的教师论坛，主题围绕怎么把国际理解教育和英语学科的课堂融合起来。另外，国际理解教育课程建设这一块，我们现在暂时是在语文和英语这两个课程当中寻找学科的融合点。我们学校有一个校本课程叫'我的家乡歌乐山'，因为我们沙坪坝区都做了精品课程，每个学校都做了的，在这个课程里我们也去寻找一些契合点来开展国际理解教育。我们自己出了一个校本教材，也就是学生读本，我们结合学生读本来开展一些国际理解教育。"

（三）举办主题活动

国际理解教育相关主题活动以"国际理解"为核心，结合本校生活和学生实

---

① 全球教育发展的历史轨迹：联合国教科文组织国际教育大会建议书专集［M］．2 版.赵中建，主译.北京：教育科学出版社，2005：73.

际开展。活动由教师或学生策划组织,学生自愿参与,使参与者在整个活动过程中感受多元文化,了解世界各国不同的宗教历史、礼节风俗,系统全面地了解国际理解教育。国际理解教育活动是开展国际理解教育必不可少的环节,重庆市的中小学校要挖掘地方特色,结合本校实际开展不拘一格的国际理解教育主题活动。正如重庆市的一位教师谈道:"我们学校或者是我所了解的学校,或者是我个人比较主张的,应该是一种学科融合,还有主题活动。比如说我们前面做的学习项目,是综合实践活动学习,我们就想通过不同层次的项目式活动,例如我们的《亮眼睛项目式实践活动课程》,通过孩子们的眼睛去观察去思考去发现,我们家乡的、我们重庆的、我们国家的,乃至世界各国各地的文化、经济、语言等内容。"概括起来,国际理解教育的主题活动可以从以下几个方面着手:

一是可以结合世界共同节日而开展,比如"世界读书日""国际劳动节""国际禁毒日""世界残疾人日"等。学校可以组织学生在节日前夕,和同学或家长一起收集查阅相关资料,制成小报,各班级还可以按照活动的主题布置教室环境,在整个活动过程中,学生不仅可以通过查阅资料深入了解到国际节日的设置背景及目的,如从"国际禁毒日"知晓毒品的有害性,对毒品敬而远之。一位教师在访谈中分享他的做法:"比如说像国际禁毒日,我会先让孩子们收集相关资料,再结合我的讲解以及他们的讨论后,让他们以手抄报以及绘画的方式表达出他们对这个话题的看法。"从"世界读书日"了解到读书是必不可少的,古有"韦编三绝""悬梁刺股",在读书中明白知识产权也需要大家共同保护。从"世界残疾人日"明白要保护残疾人的权利,增进对残疾人的理解和尊重。同时多种多样的活动形式还能让学生手脑并用,在思维碰撞中锻炼他们的团队协作能力。

二是可以结合本校运动会、校庆等开展国际理解教育活动。如成都市某中学通过国际运动会的创新形式让同学们发挥奥林匹克精神,积极热情地投入运动会中,整个运动会以"五湖四海成一家"为主题,展现了中国传统舞龙舞狮、爱尔兰踢踏舞、巴西足球王国之旅等。在服装上同学们按照各国民俗文化精心打扮,家长也是非常热心地参与其中,积极为孩子们提供建议和经费支持。在运动会期间,各班呈现的不同国家简介板报也是丰富多彩,展现出学生的创新与激情,在多彩的活动中感受世界各国风土人文,理解多元文化①。

三是举办模拟联合国活动。该活动缘起于美国,早在 2005 年,北大模拟联合国协会举办了"第一届全国中学生模拟联合国大会",大会召开后,激起了全国各地广大中学生的热情,从此以后,该活动开始在全国各地中学中萌发。联合国模拟大会流程形式多样,传统的流程主要有点名、设定议程、正式辩论、非正式辩论、决议草案、修正案、结束辩论 7 个环节。该活动不仅可以增进学生对国际组织的了解,还能鼓励学生用世界的眼光看待问题,同时该活动需要阅读大量的相关资料,在活动中用英文阐述自己所代表国家的观点,这对参与活动的学生语言能力和写作能力提出了较高要求,能够激发学生的学习潜能。学校可以通过举办该活动提高学生的国际理解意识和对国际规则的知晓程度,用世界眼光探讨国际热点问题,同时也要鼓励学生参加全国或地区中学生模拟联合国大赛,走向更大的舞台。

三、评价科学合理,构建多元的国际理解教育评价体系

教学评价的功能尤多,根据教学评价在教学过程中所起作用的差异分类,教学评价有三种评价方式:一是诊断性评价,是对学生已有知识水平、能力发展情况的评价;二是形成性评价,是注重过程的评价,能使教师和学生及时获得反馈信息,更好地促使教师改进教学过程,提高教学质量;三是终结性评价,是当一门课程结束后对学生学习结果的评价。国际理解教育是一种价值观的教育,因此,重庆市儿童国际理解教育的评价应该注重过程以及多元化,从而真正促进学生国际理解能力的进一步提升。

（一）评价原则

教学评价首先要注重客观性原则。即当我们在进行评价时,评价者的态度要具有客观性,尤其是最后的评价结果,都尽量符合客观实际。因此,在国际理解教育的评价过程中,教师要尽量防止添加自己的主观因素,学习成绩的好坏与国际理解能力的高低没有直接关系。第二,教学评价还要注重多元性原则。多元性原则首先是指国际理解教育评价体系要指向学生多元发展;其次是采用的评价方式多元;最后,评价主体多元。因此,评价应结合校内教师、教学督导、

---

① 杨雷.国际理解教育现状、问题及对策研究:以成都市中小学为例[D].成都:四川师范大学,2020.

学生自身的意见,使国际理解教育评价体系日趋合理,更好地促进教育教学的实施和学生发展。最后,教学评价要坚持发展性原则,有助力教师教学能力提高、学生成长发展、改进教学实践功能,评价要注重挖掘学生潜能,了解学生各方面发展的需求,促使学生进一步发展。因此,对学校实施国际理解教育评价应与"三维目标"相对应。

(二)评价目标

教学评价目标是指对教学预期所要达到的目标的评价,在我国当前教育的评价目标以"三维目标"为本,包括情感、知识和能力维度,三者相得益彰。发展性教学评价以学生全面发展为目标,有别于传统的评价目标,包括对学生知识掌握程度评价、对教学过程的展开情况评价以及情感态度的评价等,旨在使每个学生具有源源不断发展的能力。国际理解教育评价要围绕"三维目标"展开,采用发展性评价方式:一是评价学生是否具有国际理解教育知识,包括是否了解世界各国传统及当代文化知识、风俗习惯、宗教文化,是否了解国际组织规则、国际时事政治以及我国在国际社会上的地位及作用等;二是评价学生是否参与学校组织的国际理解教育主题活动,"是否具有较高的理解能力,还包括合作能力、沟通能力(使用外语)、文化传播能力以及信息技术应用能力等";三是评价学生是否形成国际理解态度,包括豁达的态度、宽容的态度以及理解的态度等。同时,教师应结合学生具体实际,选取合适的教学目标,形成评价目标,对整个教学实施过程进行发展性评价。

(三)评价主体

评价主体是指"让谁来评价",国际理解教育活动及课程实施渠道多样,因此评价主体也要多元,单一的评价主体无法对国际理解教育进行科学全面的评价。一般来说,对学生学业的评价多为科任教师及班主任,对教师教学的评价多为校领导班子及行政部门,要使国际理解教育评价结论实事求是,参与评价的主体也更应具有广泛性。一是学生评价。学生自己对自身变化具有客观的感受,例如对国内外知识了解程度、能力是否提高、对异文化的态度如何等,学生都有较为真实的感受,评价结果也比较客观。二是教师评价。教师在评价之前,要充分了解每个学生,注重过程性评价。同时教师还要注重对教学组织过程、教学方式、教学效果以及自我评价,根据评价结果及时调整不足,改进教学方式,完善课堂教学。三是教育主管部门及专家学者评价。专家学者是专门领域的研究者,专业性更强,评价结果更为科学,同时,根据市区县教育主管部门的重视程度、相应的建设指标体系进行评价。四是家长及社会人士评价。学校可以充分利用信息技术手段,将相关内容,比如国际理解教育主题活动,通过网络方式发到家长群、朋友圈等社交平台,通过"点赞、评论、转发"等形式对国际理解教育相关工作进行评价。

(四)评价内容

教学评价是指围绕着一定的目标和标准,对教学活动过程及效果进行准确的分析和评定。一般来说,教学评价主要包含四类:一是对孩子学习的评价。包括学生在整个过程中的参与情况、对国际理解教育知识的掌握程度、国际理解教育能力培养情况以及国际理解态度形成状况等,还包括对学生英语水平高低及在学校各类对外交流活动中是否积极参与、承担任务等进行综合评价。二是对教师教学的评价。首先是对教师自身素养的评价,教师是否具有较高的国际理解素养、是否具备国际理解能力、教师自身对异国文化的态度等,都能影响学生发展。三是对教学整个过程的评价。包括对国际理解教育教学目标、教学内容、教学方法的评价。四是对教学最终结果的评价。对于学生来讲,教学效果评价包括学生对学习内容的掌握程度、应用程度以及课堂参与度的评价,学校是否能通过国际理解教育的实施,培养学生宽阔、豁达的心胸。对于教师来说,教学效果评价则包括教师能否有效地评价学生的学习并及时反馈,是否发现教学中的问题并及时调整,是否能通过教学提升自己的专业素养等。

(五)评价方法

国际理解教育可以看作一种价值观的教育,因此国际理解教育"评价方法应体现出各式各样的特点,对不同的国际理解教育实施客体和国际理解教育实施内容,应选用相宜的评价方法"。课题组根据调研现状发现已有的评价方式以及前人的研究经验,提出以下几种评价方法。一是测验法。测验法是目前我国中小学最常用的一种评价方法,但值得一提的是,无论是测验方式还是测验内容,国际理解教育测验均有别于具体学科。具备国际理解知识是进行理解的基础,英语是学生对外交流的载体,因此,国际理解教育测验可采用文化常识与英语能力相结合的方式。二是问卷调查法。问卷法适用于对学生的情感、观念、态度的评价,以书面提问的方式收集资料,方便省时且便于整理分析。问卷法一般采用匿名的形式,学生在填写时能实事求是,使得最终的结果具有较高效度,但一份好的问卷需要较高的信度和效度,问卷回收后也要科学分析,这对问卷的编制者和问卷分析者能力水平要求较高。三是访谈法。访谈法可以针对年龄较小的孩子,教师可以采取结构性或非结构性、一对一或群体访谈的方式,与学生进行谈话,能近距离走进学生内心,了解到学生对国际理解教育的真实见解。四是自我评价法。学生对自己知识的掌握、能力的提高及情感态度价值观的变化具有客观的了解,以此为基础对自己进行客观评价,能够激起学生对国际理解教育的兴趣,发挥自觉能动性,同时教师要引导学生对自己进行适当的奖励或负强化,发挥评价的激励作用和发展功能。

除了以上几种评价方式以外,教学评价还包括档案袋评价、同伴间评价、游戏评价、家长或社会评价等。为了使国际理解教育评价结果更真实有效,若国际理解教育内容不同,则相应的评价方法也要有所区别,可以选取多种评价方法相结合对国际理解教育内容、学生、教师进行评价,评价最终的目的不仅是学习最终的结果,更是要促进学生不断发展、教师教学水平的提高以及教学过程的不断完善。

四、教师专注成长,不断提升国际理解教育素养和能力

教师在整个教学过程中具有重要地位,教师是引领者、支持者、合作者,等等。教师的"教"影响着学生的"学",教师国际理解能力的高低影响着学校国际理解教育的实施。联合国教科文组织在第 24 号建议《青年的国际理解精神的培养和有关国际组织的教学》中提出,教师本人要有国际理解精神并受到专门的培训,使其能胜任整个教育中必不可少的这部分教学,无论这种教学是直接的还是间接的。由此可见,在中小学实施国际理解教育时,尤其要重视教师国际理解能力的提升。

(一)加强国际理解教育的学习和培训

课题组调研发现,67.8%的教师没有参加过国际理解教育相关培训,26.72%的教师参加过含有国际理解教育模块的培训,9.51%的教师参加过专项国际理解教育培训。大多数教师在开展国际理解教育的时候,并不具备成熟的国际理

解教育经验和资质,同时国际理解教育也会随着世界发展和全球形势的变化而不断改变。因此,从事国际理解教育工作的教师,需要定期接受国际理解教育的相关培训,不断丰富和完善自己的知识和技能,才能帮助学生更全面地了解全球文化发展和交流互融,用批判性思维去分析和理解全球问题。具体可以从以下几方面着手考虑:一是学校应该对所有教师做国际理解教育方面的定期培训,从教师做起,重视国际理解教育学科。二是学校明确教师关于国际教育方面所承担的责任,制定专项考核制度,并定期组织教师进行理论交流。三是聘请国内外专家为学校全体教师进行国际理解教育专项讲座培训。四是为学校教师积极争取出国访问、交流的机会,丰富教师的跨国体验,开拓教师思路、拓宽眼界,为教师深入探索国际理解教育创造良好的条件。重庆市中小学校在开展专业培训时,可以组织相关人员到国际理解教育开展得较好的国家或地区去实地考察学习,提升大家的国际理解视野和课程开发与实施的意识和能力。其次,充分利用重庆市中外人文交流合作等平台,积极提升学校全体人员的国际理解教育素养和能力。

国际理解教育培养的是一种思维模式,是一种思考的主观态度,甚至可以说是一种思维习惯。一种好的习惯的养成,除了自身主观意识上的积极争取外,客观环境也起到了相当大的影响作用。如果我们的教师本身就具备国际理解教育素养,那么就可以充分发挥言传身教的作用,举手投足、言谈话语之间已经将国际教育的思想传递给了学生,一旦学生接受了这种教育模式,学生互动也会起到良好的促进作用,从而形成一个良好的学习氛围,这比起给学生多开几个课时专门讲国外文化的做法,效果将是事半功倍的。

(二)开展国际理解教育专项课题研究

开展课题研究是学校国际理解教育进一步发展的重要战略,也可以成为国际交流的重要内容和平台。这里面的课题研究包括多方面的研究:一是教师本身要积极参加区域、学校甚至是个人的国际理解教育的课题研究,并与国际伙伴开展交流;二是教师要鼓励和指导学生在探究性学习的基础上,积极开展学生的小课题研究,让学生不但在体验层面开展国际理解教育,更要让孩子在探究和思考层面开展更深刻的国际理解教育,与国际姊妹校的大小伙伴们展示分享和交流探讨。另外,学校还可以组织和指导教师参加一些国际理解教育项目的学习,让教师在更专业的国际理解教育的舞台上与世界各地的朋友分享交流,实现国际理解教育的核心目标:互学互鉴、共享共生。因此,学校要促进教师开展国际理解教育的课题研究,需要做到:一是学校在选择新入职的教职员工时,可以有意识地选择大学阶段做过国际理解教育课题的老师进行重点培养,培养有专业知识技能的教师担任专职的国际理解课程教师。二是选择几名在国际理解教育方面有一定理论基础的中青年教师进行重点培养,成立国际理解教育专项课题小组。为他们创造专业培训机会,进行国际教育方面的理论进修;为他们创造可以在学校继续做课题研究的条件,鼓励这种良好的学术风气在中小学发展。三是鼓励他们根据自己的研究课题,在几个班级(每个年级选择一个班)作试点,如果教育教学结果反映良好,再在今后的学生中进行普及。

五、家校协同共进,积极拓展国际理解教育资源和途径

苏霍姆林斯基说:"最完备的教育是"'学校—家庭'"教育,学校和家庭是孩子的两个教育者。"学校发展离不开家长的认可,学校是教育的场所,家长是教育的支持者,只有学校与家庭共同努力,才能促进孩子更好地发展,快乐健康成长。"《青年的国际理解精神的培养和有关国际组织的教学》提出:成年人担负着作为父母和公民的责任,应采取步骤通过广泛的成人教育,提高他们对国际组织有关知识的了解。"①由此可见,国际理解教育的实施对象不仅是学生,还包括成人,学校在实施国际理解教育时,协同家长参与,不仅能够得到家长的理解与支持,促进学校教育对外交流与合作工作的更好实施,还能提高家长的国际意识及国际理解能力。

(一)优化家长观念

家长的自身素质对孩子具有重要的影响,家长的观念很大程度影响着学生的学习。许多家长对国际理解教育了解不够深入,觉得国际理解教育不能助力中考或者高考,甚至觉得是浪费孩子的学习时间。仍有家长对学校的国际理解课程或活动持反对态度。对此,学校可以通过 QQ 群、微信群、家长会等渠道传播国际理解教育理念,使家长真正认识到什么是国际理解教育,在中小学实施国际理解教育有什么意义与价值,对学生的发展有哪些好处等,从而优化家长

---

① 全球教育发展的历史轨迹:联合国教科文组织国际教育大会建议书专集[M].2 版.赵中建,主译.北京:教育科学出版社,2005:73.

观念,增进其对国际理解教育的认知与了解。一位教师在访谈中也强调:"首先是家长或者是学校意识,他要有主动的意识,家长的支持是最重要的。第二个就是途径,你要有这个途径了解,参加这些交流。目前的话,家长和教师,他们要主动以及有意愿去接受外面的东西。在这个基础上,在经济条件允许的情况下,参与国际理解教育的活动或者项目。"

(二)引入家长资源

学校教育除了要培养学生德智体美劳全面发展,还要孕育一批具有国际视野和国际意识的"国际化人才"。家长资源的引入能充实教育的力量,学校应充分协同家长资源,带动家长参与学校开展国际理解教育相关工作,可以让具有相关知识背景的家长参与学校国际理解教育读本编写或活动策划,提出自己的意见。同时,还可以举办一系列以国际理解教育为主题的亲子活动,在共同感受多元文化的同时,促进孩子与家长沟通,倾心交谈,亲密无间。

(三)促进家校合作

家校合作一般是指学校教师和学生家长共同参与学生的学习成长过程,相互协作、相互沟通。学校是教育的场所,家长是教育的支持者,学校和家庭合力,能促使学生更好地成长发展。家校合作双方地位要趋于民主化,学校和教师要重视家长的参与,家长也应该积极配合,因而学校可以逐步形成校级家委会、年级组家委会和班级家委会三级模式,使各级家委会的职责分工明确,促进家校合作。通过家校合作的提升,推动学校国际理解教育的有效开展。

六、区域协调整合,全面推进国际理解教育的发展进程

本次调查研究的对象包括重庆市"一区两群"里的教育行政部门、中小学校管理者以及教师等群体,"一区两群"是指主城都市区、渝东北城镇区、渝东南城镇区,调查分析部分重点比较了"一区"和"两群"之间的异同。从本次国际理解教育调查情况来看,国际理解教育在经济水平发展较高地区的学校更适宜开展。一是这些学校所处地理位置、交通等条件优越,社会对外交流活动较多;二是优质的师资力量,校领导及教师具有较高的国际意识;三是学校硬件设备设施较为完善,比如计算机设备、图书馆藏书、校园文化建设等;四是学生拥有更多接触国际理解教育相关知识的机会,家庭条件相对较好的学生比条件较弱的

学生拥有更多出国的机会,许多学生年龄很小却已经去过多个国家,具有一定的知识背景。正如访谈中一位区县的教师提到:"从交通到信息,各方面社会条件的限制,比如说农村的孩子和镇上的孩子,镇上的孩子和我们城区的孩子,区县的孩子和主城的孩子,很明显地感觉到他们在国际理解等方面的差距。说简单一点,农村孩子的视野或者说看待问题的角度,它肯定要窄一点。"但若因此仅仅面向经济发展水平较高的城市学校实施国际理解教育,则会加大城乡学生国际意识的差距,从而使得学生综合素质差距明显。

由于部分经济条件较弱的区县或者乡镇学校不具备开展国际理解教育的条件,对此可以由重庆市都市功能区的学校对其带动帮扶,结成姊妹学校,充分利用信息技术,优质资源共享,带动引领,让偏远地区学校也能享受更多国际理解教育的优质资源。教育的扶贫不应该仅仅局限在硬件设施设备,而应该转向人才的培养,所谓扶贫先扶智。培养一批懂得多媒体技术且具备国际理解素养的教师下到区县或者农村小学从事教育,以他们为圆心,向四周发散;再培养一批具备国际理解教育素养的教师,用先进的多媒体向学生提供海量的国际理解知识,通过多媒体增加学生与外界交流的机会,让学生了解国际事务,学会参与及承担国际事务。区域协调还要以课题为抓手,组建一支具备国际理解素养的教师队伍,专门从事国际理解研究的课题,让教师自身产生成就感,获得研究的幸福感之后,以更加积极的态度投入国际理解教育的研究中。

参考文献

[1]BROECKX J L. On teaching aesthetics in secondary schools and education for international understanding[J]. Leonardo, 1979,12(1): 54-58.

[2]BURGESS W R. Education for international understanding[J]. The Bulletin of the National Association of Secondary School Principals, 1968, 52 (332): 95-111.

[3]COOK-SATHER A, ALTER Z. What is and what can be: How a liminal position can change learning and teaching in higher education [J]. Anthropology & Education Quarterly, 2011, 42(1): 37-53.

[4]HAWLEY C E. Education for international understanding[J]. Bulletin of the American Association of University Professors, 1949,35(3): 530.

[5]HAYDEN M, THOMPSON J. International schools and international education: A relationship reviewed [J]. Oxford Review of Education, 1995, 21 (3): 327-345.

[6]HEATER D. Education for international understanding: A view from Britain[J]. Theory Into Practice, 1982, 21(3): 218-223.

[7]MCNEAL K. The influence of a multicultural teacher education program on teachers' multicultural practices [J]. Intercultural Education, 2005, 16 (4): 405-419.

[8]PIGOZZI M J. A UNESCO view of global citizenship education [J]. Educational Review, 2006,58(1): 1-4.

[9]SUÁREZ D F, RAMIREZ F O, KOO J W. UNESCO and the associated schools project: Symbolic affirmation of world community, international understanding, and human rights[J]. Sociology of Education, 2009, 82(3): 197-216.

[10]WHITE J."The peaceful and constructive battle"：UNESCO and education for international understanding in history and geography，1947－1967［J］. International Journal of Educational Reform，2011，20(4)：303-321.

[11]柴悦.小学国际理解教育现状调查研究:以天津市 H 区三所小学为例[D]. 天津:天津师范大学,2020.

[12]陈洁.国际理解教育研究[D].上海:华东师范大学,2003.

[13]戴锡莹,王以宁.融合国际理解教育思想的国际远程协作学习研究与实践 [J].现代远程教育研究,2011,23(4):61-65.

[14]邓莉,吴月竹.经合组织全球胜任力框架及测评的争议:兼论对中国国际理 解教育的反思[J].比较教育研究,2021,43(11):22-30.

[15]古迪昆斯特.跨文化交际理论建构[M].顾力行,翁立平,等导读.上海:上海 外语教育出版社,2014.

[16]核心素养研究课题组.中国学生发展核心素养[J].中国教育学刊,2016 (10):1-3.

[17]胡亚美.小学中高段学生国际理解教育现状的调查研究[D].天津:天津师 范大学,2019.

[18]江时学."逆全球化"概念辨析:兼论全球化的动力与阻力[J].国际关系研 究，2021(6):3-17,153.

[19]姜英敏.东亚国际理解教育的政策与理论[M].北京:高等教育出版 社,2017.

[20]姜英敏.全球化时代我国国际理解教育的理论体系建构[J].清华大学教育 研究，2017,38(1):87-93.

[21]李宏龙,聂立梅.农村小学国际理解教育资源的开发[J].教学与管理,2021 (23):13-14.

[22]刘洪文.全球化背景下我国中小学国际理解教育研究[D].北京:中央民族 大学,2004.

[23]刘莹.在小学英语教学中渗透国际理解教育:以戏剧教学模式为例[J].师 资建设，2016(10):104-105.

[24]吕华琼.小学国际理解教育校本课程开发:上海市天山第一小学的行动研 究[D].上海:上海师范大学,2012.

[25]罗佳.小学语文教材中的国际理解教育内容研究:以人教版教材为例[D].武汉:华中师范大学,2015.

[26]毛立伟,杨文杰."人类命运共同体"理念引领下国际理解教育的时代使命与理性抉择[J].黑龙江高教研究,2023,41(6):8-14.

[27]全球教育发展的历史轨迹:联合国教科文组织国际教育大会建议书专集[M].2版.赵中建,主译.北京:教育科学出版社,2005.

[28]王阿敏."一带一路"教育行动中乌鲁木齐市小学生国际理解观研究[D].乌鲁木齐:新疆师范大学,2018.

[29]王丹,郭娜.中小学教师国际素养现状及建议:基于北京市朝阳区教师国际素养调查报告的分析[J].世界教育信息,2017,30(9):44-47.

[30]奚亚英.人类命运共同体视域下小学国际理解教育的实践探索[J].人民教育,2021(S2):117-120.

[31]习近平.在庆祝改革开放40周年大会上的讲话[M].北京:人民出版社,2018.

[32]杨雷.国际理解教育现状、问题及对策研究:以成都市中小学为例[D].成都:四川师范大学,2020.

[33]姚祯薇,令狐克琴.构建实施国际理解课程助推学生核心素养培养[J].电脑迷,2021(11):42-44.

[34]余新.访谈美国全球教育专家肯尼斯-泰博士[J].比较教育研究,2004,26(7):88-90.

[35]张静静.小学国际理解教育课程实施:问题与建议:基于S小学的个案研究[J].教育导刊,2012(6):75-77.

[36]中共中央马克思恩格斯列宁斯大林著作编译局.马克思恩格斯全集:第二十三卷[M].北京:人民出版社,1972.

[37]中共中央马克思恩格斯列宁斯大林著作编译局.马克思恩格斯文集:第九卷[M].北京:人民出版社,2009.

[38]中共中央马克思恩格斯列宁斯大林著作编译局.马克思恩格斯选集:第三卷[M].2版.北京:人民出版社,1995.

[39]周汶霏.孔子学院:国际理解教育的实践研究[D].济南:山东大学,2015.

附　录

附录1　重庆市青少年国际理解教育现状调查问卷设计

问卷维度设计

重庆市青少年国际理解教育现状调查问卷
（学生卷）

一级维度	二级维度	具体内容	题目数量
基本信息		性别、学段、年级、学校区域、民族、父母学历、海外经历	8
学校国际理解教育课程现状	课程实施	有无、年级、频次、教材、师资、地点、形式、内容、兴趣倾向	8
	课程效果	希望、满意度、学习效果、行为	5
问题与建议		存在问题、开放性题目（偏好、建议）	3
合计			24

重庆市青少年国际理解教育现状调查问卷
（教师卷）

一级维度	二级维度	具体内容	题目数量
基本信息		性别、年龄、学校区域、教龄、任教年级、任教科目、专业、海外经历	8
学校国际理解教育课程现状	课程实施	有无、频次、师资、形式、内容、外籍学生、教材、资源、文件、课题、培训	6
	态度建议	个人理解、价值、素养、授课方式、困难、开放性题目	6
学生国际理解素养现状	全球议题（知识领域）——学生知晓哪些全球问题？了解的程度如何？		4
	全球文化（技能领域）——学生如何学习全球文化？		5
	全球文化（参与领域）——学生如何提高理解他人的能力？		4
	全球联系（知识领域）——中国和世界是如何联系在一起的？		3
	全球联系（参与领域）——学生如何通过全球联系探索民主公民身份？		3

重庆市青少年国际理解教育现状调查问卷
（学生卷）

亲爱的同学,感谢你参与本次调查! 国际理解教育立足本国,目的是培养学生作为全球、国家、社会、自然一员的责任感,使学生拥有全球胸怀,为世界和平作出贡献,同时在纷繁复杂的世界局势中维系自己稳定的价值体系,培养对自身文化传统的认同和对世界文化的包容态度。本问卷旨在了解你所参加的国际理解教育课程和活动开展的现状。你的回答仅作学术研究之用,所填写的信息将被严格保密,请你放心认真作答。谢谢你的参与,谢谢你的支持,祝你学习进步!

第一部分　基本信息

1.你的性别是(　　　)。

　　A.男　　　　　　　　B.女

2.你的学段是(　　　)。

　　A.小学　　　　　　　B.初中　　　　　　　C.高中

3.你的年级是(　　　)。（小学用）

　　A.三年级　　　　　　B.四年级　　　　　　C.五年级　　　　　　D.六年级

3.你的年级是(　　　)。（初中用）

　　A.初一年级　　　　　B.初二年级　　　　　C.初三年级

3.你的年级是(　　　)。（高中用）

　　A.高一年级　　　　　B.高二年级　　　　　C.高三年级

4.你的民族是_____。

5.你的学校在重庆市_____区。

6.你的学校是(　　　)。

　　A.省市重点中小学

　　B.省市普通中小学

　　C.区县普通中小学

　　D.区县重点中小学

　　E.乡镇完全小学/乡镇九年一贯制学校

　　F.农村中小学

7.你爸爸妈妈的最高学历是(　　　)。

　　A.高中及以下　　　B.专科　　　　　　C.本科　　　　　　D.研究生及以上

8.你爸爸妈妈有出国经历(包括旅游、工作等)吗? (　　　)

　　A.有　　　　　　　　B.没有

第二部分　国际理解教育实施情况

一、国际理解教育课程与活动实施现状

9.你的学校有开展下列哪些国际理解教育课程/活动？（多选）（　　　）

　　A.开设国际理解教育课程（如全球性事务、世界多元文化、中国与世界的联系等）

　　B.设置出国交流项目（如海外研学、志愿活动等）

　　C.在线与其他国家的学生开展交流

　　D.邀请外国人来校交流

　　E.向外国小朋友介绍中国节日

　　F.开展语言交流活动（如英语角、汉语角等）

　　G.开展与国际文化、全球问题相关的主题班会

　　H.其他

　　I.暂时没有开展（与以上选项互斥）

10.你从几年级开始参加国际理解教育相关课程/活动？（　　　）

　　A.从一、二年级开始　　　　　　　B.从三、四年级开始

　　C.从五、六年级开始　　　　　　　D.从初中开始

　　E.从高中开始　　　　　　　　　　F.从未参加过

11.你一周有多少节国际理解教育课程/活动？（　　　）

　　A.每周5节或更多　　　　　　　　B.每周2~4节

　　C.每周1节　　　　　　　　　　　D.每月1~2节

　　E.1节都没有

12.你的国际理解教育课程/活动是由谁来教的？（多选）（　　　）

　　A.语文老师　　　　　　　　　　　B.数学老师

　　C.英语老师　　　　　　　　　　　D.品德/德育/政治老师

　　E.科学/信息技术老师　　　　　　　F.历史老师

　　G.地理老师　　　　　　　　　　　H.美术老师

　　I.音乐老师　　　　　　　　　　　J.体育老师

　　K.生物老师　　　　　　　　　　　L.物理老师

　　M.化学老师　　　　　　　　　　　N.其他老师

13.你的国际理解教育课程/活动在哪里进行的？（　　）

    A.本班教室　　　　　　　　　B.专门的活动室

    C.学校礼堂　　　　　　　　　D.学校操场

    E.校外其他场所

14.你有没有国际理解教育课程教材？（　　）

    A.每个学生都有一册　　　　　B.老师和学生共用一册

    C.老师有,学生没有　　　　　D.没有教材

15.你参与的国际理解教育课程/活动是什么形式？（多选）（　　）

    A.听老师讲课　　　　　　　　B.观看视频

    C.小组活动　　　　　　　　　D.参与体验

    E.探究学习　　　　　　　　　F.校外参观

    G.其他

16.你对哪些主题的国际理解教育课程/活动感兴趣？（多选）（　　）

    A.新闻　　　　B.节日　　　　C.剪纸　　　　D.绘画

    E.服饰　　　　F.礼仪　　　　G.美食　　　　H.科技

    I.环保　　　　J.财经　　　　K.其他

二、国际理解教育态度与效果

17.你希望有更多的国际理解教育课程/活动吗？（　　）

    A.很希望　　　　B.比较希望　　　　C.一般　　　　D.没感觉

    E.一点不需要

18.你对现在的国际理解教育课程/活动满意吗？（　　）

    A.非常满意　　　　B.较为满意　　　　C.一般　　　　D.不太满意

    E.非常不满意

19.你对现在的国际理解教育课程/活动理解吗？（　　）

    A.都能理解并可以提出自己的看法

    B.老师讲的都能理解但没有自己的看法

    C.有些能理解,有些太深奥不能理解

    D.离自己太遥远,不能理解

20.你在国际理解教育课程/活动参与过程中学到了什么？（多选）（　　）

    A.对人类文明和世界发展的认识

B.了解人类面临的全球性挑战(如饥饿、战争、气候问题等)

C.理解人类命运共同体的内涵与价值

D.懂得以国际视角看待国际问题

E.对不同群体、观点、文化的接纳能力

F.与不同国家的人际沟通交流的能力

G.感受到自己作为世界公民的责任

H.提升民族自豪感和自信心

I.其他方面

21.国际理解教育课程/活动促进了你的下列哪些行为?（多选）（　　　）

A.乐于向他人介绍中华传统文化

B.更加努力学习外语

C.申请海外留学

D.主动关注世界问题(如气候、战争、经济等)

E.了解时事,学习各国文化

F.与他人(包括其他国家或民族的学生)友好相处

G.其他行为

三、国际理解教育实施存在的问题与建议

22.你觉得国际理解教育课程/活动存在哪些不足?（高中）（　　　）

　　A.开设时间比较晚　　　　　　　　B.上课次数比较少

　　C.老师讲课内容单一　　　　　　　D.课程教材缺乏趣味性

　　E.上课资料不够丰富　　　　　　　F.上课形式较为单一

　　G.对外交流机会较少　　　　　　　H.其他

23.请列举至少两个/项你最喜欢的国际理解教育课程/活动。

24.你对现在开设的国际理解教育课程/活动还有什么意见或建议?

重庆市青少年国际理解教育现状调查问卷
（教师卷）

　　尊敬的老师,您好! 感谢您在百忙之中抽空参加本次调查。国际理解教育立足本国,目的是培养学生作为全球、国家、社会、自然一员的责任感,使学生拥有全球胸怀,为世界和平作出贡献,同时在纷繁复杂的世界局势中维系自己稳定的价值体系,培养对自身文化传统的认同和对世界文化的包容态度。本问卷旨在了解贵校国际理解教育的开展现状及贵校学生国际理解素养水平。本问卷采用匿名方式,绝对保密,数据仅作学术研究之用。请您根据学校实际情况放心认真作答,非常感谢您的配合与支持!

第一部分　基本信息

1.您的性别是(　　　)。

　　A.男　　　　　　　B.女

2.您的年龄是(　　　)。

　　A.25 岁及以下　　B.26～35 岁　　　C.36～45 岁　　　D.46～55 岁

　　E.56 岁及以上

3.您的学校在重庆市_____区。

4.您的学校属于(　　　)。

　　A.省市重点中小学

　　B.省市普通中小学

　　C.区县普通中小学

　　D 区县重点中小学

　　E.乡镇完全小学/乡镇九年一贯制学校

　　F.农村中小学

5.您的教龄有(　　　)。

　　A.1～3 年　　　　B.4～6 年　　　　C.7～10 年　　　　D.11～14 年

　　E.15 年及以上

6.您目前所任教的年级是(　　　)。

　　A.一年级　　　　B.二年级　　　　C.三年级　　　　D.四年级

　　E.五年级　　　　F.六年级　　　　G.七年级　　　　H.八年级

　　I.九年级　　　　J.高一年级　　　　K.高二年级　　　　L.高三年级

7.您教授的科目是(　　　)。

    A.英语   B.数学

    C.语文   D.物理

    E.化学   F.生物

    G.体育   H.音乐/美术

    I.科学/信息技术   J.德育/思想品德/政治

    K.历史/地理   L.其他学科

8.您的专业隶属于下列哪一类?(　　　)

    A.哲学   B.经济学   C.法学   D.教育学

    E.文学   F.历史学   G.理学   H.工学

    I.农学   J.医学   K.管理学   L.军事学

    M.艺术学   N.其他

9.您在求学期间是否学习过国际理解教育模块的相关知识?(　　　)

    A.是   B.否

10.您有哪些出国经历?(多选)(　　　)

    A.出国求学   B.出国工作   C.出国旅游   D.出国其他

    E.没有出过国

第二部分　国际理解教育实施现状

11.贵校开展了下列哪些国际理解教育活动?(多选)(　　　)

    A.独立设置的国际理解教育课程(如全球性事务、世界多元文化、中国与世界的联系等)

    B.设置出国交流项目(如海外研学、志愿活动等)

    C.在线与其他国家的学生开展交流

    D.邀请外籍人士来校交流

    E.庆祝国际节日、纪念日

    F.开展语言交流活动(如英语角、汉语角等)

    G.开展与国际文化、全球问题相关的主题班会

    H.其他

12.贵校是否有开展国际理解教育的相关文件或工作方案?（　　）

　　A.有　　　　　　　　B.无

13.您是否参加过国际理解教育相关会议或研讨?（　　）

　　A.有　　　　　　　　B.无

14.您是否主持或参加过国际理解教育相关课题和研究?（　　）

　　A.主持　　　　　　B.参研　　　　　　C.没有

15.您参加过哪些国际理解教育相关培训?（多选)（　　）

　　A.专项国际理解教育培训　　　　B.含国际理解教育模块的培训

　　C.没有参加过

16.您参与过下列哪些国际理解教育课程资源的研发?（多选)（　　）

　　A.绘本　　　　B.教材　　　　C.戏剧　　　　D.微课

　　E.其他

17.贵校的国际理解教育课程/活动有外籍学生参与吗?（　　）

　　A.有,线上参与　　　　　　B.有,线下参与

　　C.没有外籍学生参与

18.贵校学生有配备国际理解教育课程教材吗?（　　）

　　A.有统一教材　　　　　　B.有校本教材

　　C.没有教材

19.贵校平均一周开设多少课时的国际理解教育课程/活动?（　　）

　　A.每周5节或更多　　　　　B.每周2~4节

　　C.每周1节　　　　　　　　D.每月1~2节

　　E.没有开设

20.贵校的国际理解教育课程/活动由何人执教?（多选)（　　）

　　A.校内专职教师　　　　　　B.班主任代课

　　C.其他科任教师代课　　　　D.聘请校外教师

　　E.外籍教师任课

21.贵校目前开展国际理解教育课程/活动的主要方式有哪些?（多选)（　　）

　　A.学科教学渗透　　　　　　B.主题活动组织

　　C.校园文化活动　　　　　　D.开发校本课程

　　E.文化交流活动　　　　　　F.其他

22.对于国际理解教育,您的理解是(　　)。(多选)

A.国际理解教育就是教育国际化背景下产生的教育理念,因此包括与"国际"有关的所有教育内容

B.国际理解教育就是学习西方发达国家的文化的教育

C.国际理解教育就是培养学生国际竞争力的教育

D.国际理解教育就是培养学生人类命运共同体意识的教育

E.国际理解教育就是培养学生的全球胜任力和公民素养的教育

F.国际理解教育就是帮助学生建立文化自信的教育

G.感觉自己对国际理解教育的概念尚不清楚

23.您认为中小学开展国际理解教育课程的目标是(　　)。(多选)

A.重视文化多样性　　　　　　B.比较中外文化差异

C.增进文化理解　　　　　　　D.促进文化认同与尊重

E.建构行为共生策略　　　　　F.其他

24.您在开展国际理解教育课程/活动过程中采用什么样的评价方式?(　　)

A.在学科考试(期末、中考)中,设计国际理解教育方面的考题

B.在课堂中测试国际理解教育相关的内容

C.采用组内互评方式测试学生的国际理解教育知识

D.要求学生撰写国际理解教育主题的小作文

E.要求学生在课堂上做国际理解教育相关的展示

25.为了能够有效开展国际理解教育,您认为教师应该具备哪些素养?(多选)(　　)

A.了解中华民族的历史和文化

B.了解世界各民族的历史和文化

C.认识中国与世界的关系

D.认识全球面临的主要政治、经济、社会问题

E.具备人类命运共同体意识

F.不断学习新知识的能力

G.包容不同文化的信仰、价值和传统

H.与不同民族/国籍学生沟通交流的能力

I.课堂组织的能力

J.对国际理解教育的热情

K.其他

26.对培养学生国际理解教育能力的方式,您更倾向于下列哪种?（多选）
（   ）

A.教师讲解(某个国家的风俗、文化习惯等)

B.观看视频(不同国家的生活习惯、节日等)

C.小组合作(完成某个国家的美食、服饰等)

D.亲身参与体验(如角色扮演、情景模拟、制作国外的美食、体验国外的节日)

E.研究性学习(如自行到图书馆查阅某个国际理解教育议题)

F.校外参观等活动(参观博物馆、使馆街等)

G.其他方式

27.您认为学校开展国际理解教育的困难有哪些?（多选）（   ）

A.缺少来自学校、政府的大力支持

B.出于安全考虑不方便开展活动

C.出于升学压力,其他主课程挤占国际理解教育的课程和活动

D.缺少国际理解教育相关的教师培训

E.缺少国际理解教育课程资源

F.缺少可用的教材

G.缺少专职教师

H.缺少国际理解教育实践基地

I.缺乏国际理解教育相关科研项目

J.缺乏对外交流的机会

K.其他

28.您对学校开设国际理解教育课程/活动还有什么意见或建议?

第三部分　学生国际理解素养现状

请您根据自己的教学实践及对学生的了解,对贵校学生国际理解素养的下列内容进行评价(其中非常符合为 5 分,完全不符合为 1 分,从高到低递减)。

内容列表	1	2	3	4	5
1.学生能意识到全球性问题的存在及对他们生活的影响					
2.学生在很长一段时间内深入研究过全球议题					
3.学生能意识到全球议题是相互关联、复杂且富有挑战性、不断发生变化的					
4.学生能意识到可以扩展和深化所拥有的全球问题的信息和知识,并需要继续查询全球问题的形成来源和产生影响的信息					
5.学生知道如何分析和评估某种文化中的重大事件和趋势					
6.学生知道如何审视世界各地的文化,并认识到它们与中国文化的内在联系					
7.学生知道如何比较和对比不同文化观点,并尝试理解这些差异					
8 学生知道如何审视其他文化的共性和多样性					
9.学生能欣赏对其他文化的研究					
10.学生能包容文化多样性					
11.学生尝试与来自不同文化背景的人交流					
12.学生利用机会学习另一种语言及文化					
13.学生能确定并说出他们如何在历史、政治、经济、技术、社会、语言和生态领域与世界联系在一起					
14.学生了解全球互连并不一定是良性的,它在中国既有积极影响,也有消极影响					
15.学生知道并理解我国在国际关系中发挥的作用					
16.学生阅读报纸、杂志和书籍,听取跨文化和国际主题相关的广播和电视节目,他们能对媒体传播的信息做出积极的答复					

附录2 重庆市青少年国际理解教育现状调查访谈提纲

一、区县教育主管部门管理者访谈提纲

国际理解教育立足本国,培养学生作为全球、国家、社会、自然一员的责任感,使学生拥有全球胸怀,为世界和平作出贡献,同时在纷繁复杂的世界局势中维系自己稳定的价值体系,培养对自身文化传统的认同和对世界文化的包容态度。本访谈提纲将从教育规划、政策保障、实施过程、问题与建议等方面对重庆市部分区县教育主管部门管理者推进国际理解教育工作的情况进行深度访谈。

1.本区(县)在哪些文件中提到了国际理解教育,具体有些什么内容?
2.本区(县)在推进国际理解教育工作过程中有没有一些保障措施?
3.本区(县)在推进国际理解教育工作过程中是否开展过一些专题的会议和培训?
4.本区(县)在推进国际理解教育工作中是否存在一些困难? 有没有采取一些改进措施?
5.你对进一步推动中小学国际理解教育还有什么意见、建议或期待?

二、中小学学校管理者访谈提纲

国际理解教育立足本国,培养学生作为全球、国家、社会、自然一员的责任感,使学生拥有全球胸怀,为世界和平作出贡献,同时在纷繁复杂的世界局势中维系自己稳定的价值体系,培养对自身文化传统的认同和对世界文化的包容态度。本访谈提纲将从理念层面、引入途径、过程管理、外界保障、问题与建议等方面对重庆市部分中小学学校管理者(如校长、副校长、教导主任等)开展国际理解教育工作的情况进行深度访谈。

访谈维度	具体内容	题目
理念层面(必要性)	目的、认识	1
引入途径	时间、方式	2
过程管理	对人、财、物的管理	3、4、5、7、8、9
外界保障	对人、财、物的保障	6、10
问题与建议	存在的问题、建议	11、12

重庆市青少年国际理解教育现状调查
——学校管理者访谈提纲

1.您觉得小学/中学开展国际理解教育的目的是什么？您是如何看待国际理解教育的？(必要性)		
2.您是什么时候接触和了解国际理解教育的？通过什么途径接触的？(外出培训、外出参观、政府或教委要求等)		
3.您所在的学校是谁在负责管理国际理解教育的？有没有专门的组织层级？(学科教研组长—年级教研组长—教研副校长—校长等)	经过提示均未收集到有效信息，请根据情况转问右侧问题。	7.您觉得学校开展国际理解教育可以从哪些方面入手？
4.您所在的学校开展国际理解教育的资金来源有哪些？(专项资金、教研项目资金……)		8.您觉得学校开展国际理解教育工作应该准备哪些条件？
5.您所在的学校都有哪些有关国际理解教育的政策措施？(红头文件、规章制度、工作计划等)		9.您觉得学校开展国际理解教育工作应该是一种什么样的管理模式？
6.您所在的学校在开展国际理解教育的过程中得到过哪些方面的支持？(资金投入、师资培训、外来团队帮扶等)		10.您认为学校在开展国际理解教育过程中应该得到哪些支持？(政策层面、人力、物力、财力等)
11.您认为学校在开展国际理解教育工作的过程中还存在哪些问题？		
12.您对学校今后继续开展国际理解教育有何具体建议？(学校层面、政府层面等)		

三、中小学教师访谈提纲

国际理解教育是立足本国,培养学生作为全球、国家、社会、自然一员的责任感,通过教育使学生拥有全球胸怀,为世界和平作出贡献,同时在纷繁复杂的世界局势中维系自己稳定的价值体系,培养对自身文化传统的认同和对世界文化的包容态度。本访谈提纲将从引入途径、开展过程、师资培养、问题与建议等方面对重庆市部分中小学学校教师开展国际理解教育的情况进行深度访谈。

访谈维度	具体内容	题目
引入途径	时间、方式	1、2
开展过程	目的、形式、内容、评价方式	3、4、5、6、8、9、10
师资培养	学习、培训、课题	7、11
问题与建议	存在的问题、建议	12

重庆市青少年国际理解教育现状调查
——中小学教师访谈提纲

1.您是什么时候接触和了解国际理解教育的？通过什么途径接触的？（外出培训、外出参观、政府或教委要求等）	
2.您的学校是什么时候开展国际理解教育的？最初的时候都有哪些形式？（宣传栏张贴相关内容、学习文件、学科渗透、教学研讨等）	
3.您觉得小学/中学开展国际理解教育的目的是什么？您是如何看待国际理解教育的？	

4.您的学校开展了哪些国际理解教育的课程/活动？能具体举例说明如何开展的吗？（独立设置的国际理解教育课程、出国交流项目、在线与其他国家的学生开展交流、邀请外籍人士来校交流、庆祝国际节日或纪念日、开展语言交流活动、开展国际文化或全球问题相关的主题班会等）	经过提示均未收集到有效信息，请根据情况转问右侧问题。	8.您觉得贵校哪些因素限制了开展国际理解教育的课程/活动？如果要开展，您想得到哪些方面的帮助？
5.您的学校有哪些国际理解教育的教材和其他资源？（专门的国际理解教育教材、汇编的国际理解教育活动案例集、学科里面包含的内容、主题班会的内容等）		9.您觉得贵校各个学科或活动的哪些内容可以开发成为国际理解教育的资源？
6.您的学校有哪些对教师实施国际理解教育效果的评价方式？（问卷调查、教师测评、学生测评、督导听评课等）		10.您觉得对教师实施国际理解教育的效果有哪些恰当的评价方式？
7.您的学校通过哪些方式提升教师国际理解教育的施教能力？能具体阐述一下吗？（出国交流和学习、参加培训、教学研讨、课题研究等）		11.您觉得在提升国际理解教育能力方面有什么制约因素？您有什么建议？（增加国际理解教育的专任教师、增加资金投入、专业团队帮扶等）

12.您认为在实施国际理解教育课程/活动过程中还存在哪些问题？您有何建议？	